즐거운 樂 과학

가자! 교과서 속으로

양대승 글 | 백명식 그림

아이앤북
I & BOOK

머리말

옛날에는 번개를 하늘에서 내리는 벌이라고 생각했어요. 고대 그리스인과 로마인들은 번개를 제우스신의 무기라고 생각했어요. 우리나라에서도 죄를 많이 지은 사람은 천벌을 받아 번개를 맞는다고 생각했어요. 불과 300년 전만 해도 유럽의 사람들은 교회 종을 울리면 번개를 피할 수 있다고 믿기도 했어요.

옛날 사람들이 이런 생각을 한 건 과학에 대한 이해가 없었기 때문이에요. 과학적인 생각과 연구가 없었기 때문에 미신을 믿을 수밖에 없었던 거지요.

'아는 만큼 보이고, 보이는 만큼 느낄 수 있다.'는 말이 있어요.

과학적인 원리를 알고 나면 우리 생활 속에 얼마나 많은 과학이 숨어 있는지 알 수 있어요. 뿐만 아니라 우리의 몸, 우리 주변의 동물들, 우리가 살고 있는 지구, 태양과 달, 밤하늘에 보이는 별들도 새롭게 보일 거예요. 과학의 눈으로 보면 세상 모든 것이 놀랍고 흥미로운 것이 된답니다.

과학은 어렵고 복잡한 것이 아니에요. 무척 재미있고 흥미로운 학문이에요.

하늘은 왜 파랗게 보일까?

공기가 없다면 어떻게 될까?

인구가 늘어나면 지구는 무거워질까?

비행기는 어떻게 하늘을 날 수 있을까?

이런 궁금증을 하나하나 풀어 가다 보면 과학이 얼마나 재미있고 놀라운 것인지 알 수 있어요.

이 책은 교과서를 읽으면서 들 수 있는 과학적인 궁금증을 모아 놓았어요. 책을 읽으면서 과학의 즐거움을 느꼈으면 좋겠어요.

그리고 당연하다고 생했던 것들에 대해서도 항상 "왜?"라는 질문을 던지기를 바래요.

"왜?"라는 호기심이 바로 과학의 출발이니까요.

양대승

차례

🍀 우리 몸과 건강

1. 심장의 힘은 얼마나 셀까? · 10
   ▶ 슬기로운 생활 1-1 4. 건강하게 생활해요 1-2 1. 나의 몸 과학 5-2 1. 우리 몸
2. 우리는 평생 동안 뇌를 10%만 사용할까? · 12
   ▶ 슬기로운 생활 1-2 1. 나의 몸 과학 5-2 1. 우리 몸
3. 머리카락은 몇 개나 될까? · 14
   ▶ 슬기로운 생활 1-2 1. 나의 몸 과학 5-2 1. 우리 몸
4. 참았던 방귀는 어디로 갔을까? · 15
   ▶ 슬기로운 생활 1-2 1. 나의 몸 과학 5-2 1. 우리 몸
5. 우리는 평생 얼마만큼의 음식을 먹을까? · 16
   ▶ 슬기로운 생활 1-1 4. 건강하게 생활해요 1-2 1. 나의 몸 과학 5-2 1. 우리 몸
6. 하품을 하면 왜 눈물이 나올까? · 18
   ▶ 슬기로운 생활 1-1 4. 건강하게 생활해요 1-2 1. 나의 몸 과학 5-2 1. 우리 몸
7. 아프면 왜 열이 날까? · 19
   ▶ 슬기로운 생활 1-1 4. 건강하게 생활해요 1-2 1. 나의 몸 과학 5-2 1. 우리 몸
8. 사람의 눈은 얼마나 예민할까? · 20
   ▶ 슬기로운 생활 1-1 4. 건강하게 생활해요 1-2 1. 나의 몸 과학 5-2 1. 우리 몸
9. 흰 머리카락은 왜 생길까? · 22
   ▶ 슬기로운 생활 1-1 4. 건강하게 생활해요 1-2 1. 나의 몸 과학 5-2 1. 우리 몸
10. 몸에 때는 왜 생길까? · 24
    ▶ 슬기로운 생활 1-1 4. 건강하게 생활해요 1-2 1. 나의 몸 과학 5-2 1. 우리 몸
11. 매운 맛은 왜 맛이 아닐까? · 26
    ▶ 슬기로운 생활 1-2 1. 나의 몸 과학 5-2 1. 우리 몸
12. 예방 주사액도 병균이 들어 있을까? · 28
    ▶ 슬기로운 생활 1-1 4. 건강하게 생활해요 1-2 1. 나의 몸 과학 5-2 1. 우리 몸
13. 부모가 음치이면 아이도 음치가 될까? · 29
    ▶ 슬기로운 생활 1-2 1. 나의 몸 2-1 1. 커 가는 내 모습 과학 5-2 1. 우리 몸
14. 감기에는 치료약이 없을까? · 30
    ▶ 슬기로운 생활 1-1 4. 건강하게 생활해요 과학 5-1 4. 작은 생물의 세계
15. 충치는 왜 생길까? · 32
    ▶ 슬기로운 생활 1-1 4. 건강하게 생활해요 1-2 1. 나의 몸 과학 5-2 1. 우리 몸
16. 웃는 게 쉬울까? 찡그리는 게 쉬울까? · 33
    ▶ 슬기로운 생활 1-2 1. 나의 몸 과학 5-2 1. 우리 몸
17. 고름의 정체는 뭘까? · 34
    ▶ 슬기로운 생활 1-1 4. 건강하게 생활해요 1-2 1. 나의 몸 과학 5-2 1. 우리 몸

18. 물을 마시지 않으면 어떻게 될까? · 35
   ▶ 과학 4-1 4. 모습을 바꾸는 물 5-2 1. 우리 몸
19. 소금을 먹지 않으면 어떻게 될까? · 36
   ▶ 과학 3-1 1. 우리 생활과 물질
20. 녹음한 내 목소리는 왜 낯설까? · 38
   ▶ 슬기로운 생활 1-2 1. 나의 몸 과학 5-2 1. 우리 몸

♣ 동물과 식물

21. 고래는 어떻게 새끼에게 젖을 먹일까? · 40
   ▶ 슬기로운 생활 2-1 7. 동물과 식물은 내 친구 과학 3-1 3. 동물의 한살이 3-2 2. 동물의 세계
22. 하루살이는 정말 하루만 살까? · 42
   ▶ 슬기로운 생활 2-1 7. 동물과 식물은 내 친구 과학 3-1 3. 동물의 한살이 3-2 2. 동물의 세계
23. 물고기는 어떻게 물의 압력을 견딜까? · 44
   ▶ 슬기로운 생활 2-1 7. 동물과 식물은 내 친구 과학 3-2 2. 동물의 세계
24. 남의 둥지에 알을 낳는 새가 있을까? · 46
   ▶ 슬기로운 생활 2-1 7. 동물과 식물은 내 친구 과학 3-1 3. 동물의 한살이 3-2 2. 동물의 세계
25. 동물들도 슬프면 눈물을 흘릴까? · 47
   ▶ 슬기로운 생활 2-1 7. 동물과 식물은 내 친구 과학 3-2 2. 동물의 세계
26. 곤충이 죽으면 왜 뒤집혀질까? · 48
   ▶ 슬기로운 생활 2-1 7. 동물과 식물은 내 친구 과학 3-2 2. 동물의 세계
27. 물고기는 어떻게 물속에서 숨을 쉴까? · 49
   ▶ 슬기로운 생활 2-1 7. 동물과 식물은 내 친구 과학 3-1 3. 동물의 한살이 3-2 2. 동물의 세계
28. 자라면서 암수가 바뀌는 동물이 있을까? · 50
   ▶ 슬기로운 생활 2-1 7. 동물과 식물은 내 친구 과학 3-1 3. 동물의 한살이 3-2 2. 동물의 세계
29. 세균은 모두 나쁠까? · 52
   ▶ 슬기로운 생활 1 1 4. 건강하게 생활해요 과학 5-1 4. 작은 생물의 세계
30. 파리가 다리를 비비는 이유는 뭘까? · 54
   ▶ 슬기로운 생활 2-1 7. 동물과 식물은 내 친구 과학 3-1 3. 동물의 한살이 3-2 2. 동물의 세계
31. 실험을 할 때 왜 쥐를 사용할까? · 56
   ▶ 과학 3-1 3. 동물의 한살이
32. 개미나 꿀벌도 서로 말을 할까? · 58
   ▶ 슬기로운 생활 2-1 7. 동물과 식물은 내 친구 과학 3-1 3. 동물의 한살이 3-2 2. 동물의 세계
33. 모기는 왜 피를 빨아먹을까? · 60
   ▶ 슬기로운 생활 2-1 7. 동물과 식물은 내 친구 과학 3-1 3. 동물의 한살이 3-2 2. 동물의 세계
34. 개는 냄새를 얼마나 잘 맡을까? · 62

▶ 슬기로운 생활 2-1 7. 동물과 식물은 내 친구 과학 3-1 3. 동물의 한살이 3-2 2. 동물의 세계

35. 게는 왜 거품을 내고, 옆으로 걸을까? · 64
▶ 슬기로운 생활 2-1 7. 동물과 식물은 내 친구 과학 3-1 3. 동물의 한살이 3-2 2. 동물의 세계

36. 무당벌레의 색깔이 화려한 이유는 뭘까? · 66
▶ 슬기로운 생활 2-1 7. 동물과 식물은 내 친구 과학 3-1 3. 동물의 한살이 3-2 2. 동물의 세계

37. 곤충들은 얼마나 많은 알을 낳을까? · 68
▶ 슬기로운 생활 2-1 7. 동물과 식물은 내 친구 과학 3-1 3. 동물의 한살이 3-2 2. 동물의 세계

38. 반딧불이는 어떻게 빛을 낼까? · 70
▶ 슬기로운 생활 2-1 7. 동물과 식물은 내 친구 과학 3-1 3. 동물의 한살이 3-2 2. 동물의 세계

39. 가장 오래 사는 동물은 뭘까? · 72
▶ 슬기로운 생활 2-1 7. 동물과 식물은 내 친구 과학 3-1 3. 동물의 한살이 3-2 2. 동물의 세계

40. 거미는 왜 곤충이 아닐까? · 73
▶ 슬기로운 생활 2-1 7. 동물과 식물은 내 친구 과학 3-1 3. 동물의 한살이 3-2 2. 동물의 세계

41. 벌집은 왜 정육각형일까? · 74
▶ 슬기로운 생활 2-1 7. 동물과 식물은 내 친구 과학 3-1 3. 동물의 한살이 3-2 2. 동물의 세계

42. 1급수에는 어떤 물고기가 살고 있을까? · 75
▶ 과학 3-2 2. 동물의 세계 6-1 4. 생태계와 환경

43. 닭보다 작은 공룡이 있을까? · 76
▶ 과학 4-2 2. 지층과 화석

44. 물고기도 전기를 만들 수 있을까? · 77
▶ 과학 3-2 2. 동물의 세계 5-1 2. 전기 회로

45. 모든 동물들의 피는 빨간색일까? · 78
▶ 과학 3-1 3. 동물의 한살이 3-2 2. 동물의 세계

46. 철새들은 어떻게 같은 곳으로 돌아올까? · 80
▶ 슬기로운 생활 2-1 7. 동물과 식물은 내 친구 과학 3-1 3. 동물의 한살이 3-2 2. 동물의 세계

47. 가을이면 단풍이 드는 이유는 뭘까? · 82
▶ 과학 4-1 3. 식물의 한살이 과학 4-2 1. 식물의 세계 5-1 3. 식물의 구조와 기능

48. 왜 새끼비둘기는 보이지 않을까? · 84
▶ 슬기로운 생활 2-1 7. 동물과 식물은 내 친구 과학 3-1 3. 동물의 한살이 3-2 2. 동물의 세계

🍀 지구와 환경

49. 태풍은 왜 여름에만 나타날까? · 85
▶ 과학 3-1 4. 날씨와 우리 생활 6-1 3. 계절의 변화 6-2 1. 날씨의 변화

50. 산성비란 무엇일까? · 86
▶ 과학 5-2 2. 용해와 용액 6-1 2. 산과 염기 4. 생태계와 환경

51. 남극과 북극 중 어디가 더 추울까? · 87
 ▶ 과학 3-1 4. 날씨와 우리 생활 6-1 4. 생태계와 환경

52. 하늘은 왜 파랗게 보일까? · 88
 ▶ 과학 3-2 4. 빛과 그림자 6-1 1. 빛

53. 공기가 없다면 어떻게 될까? · 90
 ▶ 과학 3-1 4. 날씨와 우리 생활 4-2 3. 열 전달과 우리 생활 6-2 2. 여러 가지 기체

54. 중력이 없다면 어떻게 될까? · 92
 ▶ 과학 4-1 1. 무게 재기 5-1 1. 지구와 달

55. 왜 겨울보다 여름에 낮이 길까? · 94
 ▶ 과학 3-1 4. 날씨와 우리 생활 6-1 3. 계절의 변화 6-2 1. 날씨의 변화

56. 봄, 여름, 가을, 겨울은 어떻게 생길까? · 96
 ▶ 과학 3-1 4. 날씨와 우리 생활 6-1 3. 계절의 변화 6-2 1. 날씨의 변화

57. 바람은 왜 부는 걸까? · 98
 ▶ 과학 3-1 4. 날씨와 우리 생활 6-2 1. 날씨의 변화

58. 비나 눈은 어떻게 만들어질까? · 100
 ▶ 과학 3-1 4. 날씨와 우리 생활 4-1 4. 모습을 바꾸는 물 6-2 1. 날씨의 변화

59. 지구가 도는 속도는 얼마나 빠를까? · 101
 ▶ 과학 5-1 1. 지구와 달 5-2 3. 물체의 속력

60. 바닷물은 왜 짤까? · 102
 ▶ 과학 3-2 3. 혼합물의 분리 5-2 2. 용해와 용액

61. 마실 수 있는 물은 얼마나 될까? · 104
 ▶ 과학 4-1 4. 모습을 바꾸는 물 6-1 4. 생태계와 환경

62. 석탄과 석유는 어떻게 만들어졌을까? · 106
 ▶ 과학 4-2 2. 지층과 화석 6-2 3. 에너지와 도구

63. 세계 환경오염은 얼마나 심각할까? · 108
 ▶ 슬기로운 생활 1-1 5. 자연과 함께 해요 과학 6-1 4. 생태계와 환경

64. 갯벌을 보존해야 하는 이유는 뭘까? · 110
 ▶ 슬기로운 생활 1-1 5. 자연과 함께 해요 과학 6-1 4. 생태계와 환경

65. 구름의 종류에는 어떤 것들이 있을까? · 112
 ▶ 과학 3-1 4. 날씨와 우리 생활 4-1 4. 모습을 바꾸는 물 6-2 1. 날씨의 변화

66. 바닷물의 밀물과 썰물은 왜 생길까? · 114
 ▶ 과학 4-1 2. 지표의 변화 5-1 1. 지구와 달

67. 왜 번개는 지그재그로 내리칠까? · 116
 ▶ 과학 3-1 4. 날씨와 우리 생활 6-2 1. 날씨의 변화

68. 바다의 깊이는 어떻게 알 수 있을까? · 118
 ▶ 수학 2-1 5. 길이 재기 2-2 3. 길이 재기

69. 화산이 폭발하면 어떤 일이 일어날까? · 120
▶ 과학 4-2 4. 화산과 지진

70. 눈이 많이 내리면 왜 풍년이 들까? · 122
▶ 과학 3-1 4. 날씨와 우리 생활 4-1 4. 모습을 바꾸는 물 6-2 1. 날씨의 변화

71. 오존층이 파괴되면 어떻게 될까? · 124
▶ 슬기로운 생활 1-1 5. 자연과 함께 해요 과학 6-1 4. 생태계와 환경

♣ 별과 우주

72. 태양은 얼마나 뜨거울까? · 125
▶ 과학 4-2 3. 열 전달과 우리 생활 5-2 4. 태양계와 별

73. 우주에 별은 몇 개나 될까? · 126
▶ 슬기로운 생활 2-2 1. 낮과 밤이 달라요 과학 5-1 1. 지구와 달 5-2 4. 태양계와 별

74. 우주선은 정말 무기 개발로 만들어졌을까? · 128
▶ 과학 5-2 4. 태양계와 별 6-2 3. 에너지와 도구

75. 달은 왜 날마다 모양이 바뀔까? · 130
▶ 과학 3-2 4. 빛과 그림자 5-1 1. 지구와 달

76. 별은 왜 반짝일까? · 132
▶ 과학 5-2 4. 태양계와 별 6-1 1. 빛

77. 빛이 지구에 도달하는 데 얼마나 걸릴까? · 134
▶ 과학 5-2 4. 태양계와 별 6-1 1. 빛

78. 달과 태양은 얼마나 클까? · 135
▶ 과학 5-1 1. 지구와 달 5-2 4. 태양계와 별

79. 달에 가면 어떤 일이 일어날까? · 136
▶ 과학 5-1 1. 지구와 달

80. 우주선 안에서는 어떻게 생활할까? · 138
▶ 과학 5-1 1. 지구와 달 5-2 4. 태양계와 별

81. 우리나라에서는 어떤 별자리가 보일까? · 140
▶ 과학 5-2 4. 태양계와 별

♣ 물리와 화학

82. 사물의 색은 어떻게 생기는 것일까? · 142
▶ 슬기로운 생활 2-2 2. 그림자와 친구해요 과학 3-2 4. 빛과 그림자 6-1 1. 빛

83. 인구가 늘어나면 지구는 무거워질까? · 144
▶ 과학 4-1 1. 무게 재기

84. 자동판매기는 언제부터 있었을까? · 146
  ▶ 과학 6-2 3. 에너지와 도구
85. 비 올 때 뛰어가면 비를 적게 맞을까? · 148
  ▶ 과학 3-1 4. 날씨와 우리 생활 5-2 3. 물체의 속력
86. 달걀 위에 사람이 올라설 수 있을까? · 149
  ▶ 과학 4-1 1. 무게 재기
87. 전구는 어떻게 빛을 낼까? · 150
  ▶ 과학 5-1 2. 전기 회로 6-1 1. 빛 6-2 3. 에너지와 도구
88. 잠수함은 어떻게 물속에서 움직일까? · 152
  ▶ 과학 6-2 3. 에너지와 도구
89. 비행기는 어떻게 하늘을 날 수 있을까? · 154
  ▶ 과학 6-2 3. 에너지와 도구
90. 타임머신을 만들 수 있을까? · 156
  ▶ 과학 5-2 3. 물체의 속력 6-2 3. 에너지와 도구
91. 길이의 단위는 어떻게 생긴 걸까? · 158
  ▶ 수학 2-1 5. 길이 재기 2-2 3. 길이 재기
92. 나침반 바늘은 왜 북쪽을 가리킬까? · 160
  ▶ 과학 3-1 2. 자석의 성질 5-1 1. 지구와 달 6-1 5. 자기장
93. 1mm보다 작은 단위는 뭘까? · 162
  ▶ 과학 5-1 4. 작은 생물의 세계 수학 5-1 8. 여러 가지 단위
94. 바닷물만 계속 마시면 어떻게 될까? · 164
  ▶ 과학 3-2 2. 혼합물의 분리 5-2 2. 용해와 용액
95. 지레를 이용하면 왜 힘이 덜 들까? · 166
  ▶ 과학 6-2 3. 에너지와 도구
96. 자석으로 전기를 만들 수 있을까? · 168
  ▶ 과학 3-1 2. 자석의 성질 5-1 2. 전기 회로 6-1 5. 자기장
97. 질량과 무게는 어떻게 다를까? · 169
  ▶ 과학 4-1 1. 무게 재기
98. 사람이 감전되면 어떻게 될까? · 170
  ▶ 과학 5-1 2. 전기회로
99. 물이 얼면 왜 부피가 늘어날까? · 172
  ▶ 과학 3-2 1. 액체와 기체의 부피 4-1 4. 모습을 바꾸는 물
100. 청진기는 언제 어떻게 만들어졌을까? · 174
  ▶ 슬기로운 생활 1-1 4. 건강하게 생활해요 과학 5-2 1. 우리 몸

01 우리 몸과 건강

슬기로운 생활 1-1 4. 건강하게 생활해요 과학 5-2 1. 우리 몸

심장의 힘은 얼마나 셀까?

심장은 길이가 약 12센티미터 정도이며, 주먹보다 조금 크고, 무게도 250~300그램 정도예요.

크기는 작지만 심장은 엄청난 일을 하고 있답니다. 심장은 잠시도 쉬지 않고 펌프와 비슷한 운동을 하면서 온몸에 피를 보내요. 가슴에 귀를 대면 '두근두근' 하는 소리가 들리지요. 이것은 심장이 온몸에 피를 보내기 위해서 뛰는 것이에요.

심장은 1분에 70번 정도 뛰어요. 그래서 평생 동안 30억 번 정도 펌프질을 하지요.

지구를 세 바퀴 돌고, 또…….

피가 흐르지 않으면 우리 몸은 산소와 영양분을 공급받지 못해 죽고 말아요. 그래서 심장은 쉬지 않고 뛰는 거예요.

심장은 13만 킬로미터나 되는 온몸의 핏줄에 피를 보내요. 13만 킬로미터면 지구를 세 바퀴 돌고도 남는 길이예요. 심장은 이렇게 긴 핏줄에 빠짐없이 피를 보내고 있답니다.

심장이 내보내는 피의 양도 엄청 많아요. 심장은 한 번 뛸 때마다 70밀리리터 정도의 피를 내보내요. 그래서 1분이면 약 5리터에 달하는 양의 피를 내보내는 것이지요. 심장이 평생 동안 펌프질해서 내보내는 피의 양은 커다란 수영장을 몇천 개 만들 수 있는 양이에요.

이렇게 긴 핏줄에 엄청난 양의 피를 보내기 위해서 심장은 정말 센 힘을 가지고 있어야 한답니다. 하루 동안 심장이 뛰는 힘은 자동차를 20미터까지 들어올릴 수 있는 어마어마한 힘이에요. 그리고 심장이 평생 동안 하는 일은 3,000킬로그램의 물건을 들고 세계에서 가장 높은 에베레스트 산을 10번 올라가는 것과 같은 힘이라고 해요.

피는 심장에서 만들어지지 않는다

심장에서 피가 만들어진다고 생각하기 쉽지만 그렇지 않아요. 심장은 피를 만드는 곳이 아니라 피를 온몸으로 보내는 역할만 해요.

피는 놀랍게도 뼈에서 만들어진답니다. 척추, 가슴뼈, 골반, 팔·다리 뼈 등에는 골수가 있어요. 단단한 뼈 안에는 연한 조직이 있는데, 이것을 골수라고 해요. 피는 바로 뼈 안에 있는 골수에서 만들어진답니다.

02 우리 몸과 건강

슬기로운 생활 1-2 1. 나의 몸 과학 5-2 1. 우리 몸

우리는 **평생** 동안 **뇌**를 10%만 사용할까?

뇌는 우리 몸과 생각을 지배하고 명령을 내리는 사령관과 같아요. 어떤 것을 기억하고, 생각하는 것뿐만 아니라 기쁘거나 슬픈 감정도 뇌에서 조절하는 거예요. 뿐만 아니라 우리 몸은 뇌의 명령이 없이는 손가락 하나도 움직일 수 없어요. 그런데 사람은 평생 동안 자기 뇌의 10%밖에 쓰지 못한다는 말이 있어요.

아인슈타인은 일반인보다 뇌를 많이 사용했기 때문에 천재가 되었다고 말해요. 뇌를 10%만이 아니라 더 많이 사용하면 아인슈타인보다 훨씬 영리한 천재가 될 수 있다고도 해요.

하지만 이런 말은 확인되지 않은 말이에요. 뇌의 90% 정도를 쓰지 않고 있다는 어떠한 근거도 없어요.

뇌의 무게는 몸무게의 2% 정도밖에 되지 않지만, 심장에서 보내

뇌는 거의 100%를 다 사용해요.

는 피의 30% 이상을 뇌에서 사용해요. 이렇게 많은 피를 사용하는 뇌가 10%만 일을 하고 나머지 90%는 놀고 있다는 것은 상식적으로도 말이 안 되는 것이지요.

뇌는 눈곱만큼만 다쳐도 정신적으로나 신체적으로 이상이 생기고, 생명에 지장을 줄 수도 있어요. 만약 뇌의 90%가 아무 일도 하지 않는 쓸모 없는 부분이라면 뇌를 조금 다쳤다고 해서 이런 일은 일어나지 않을 거예요.

실제로 대뇌피질을 살펴본 결과 아무 일도 하지 않는 곳은 없었어요.

뇌에 대한 이런 오해가 생긴 것은 아마도 뇌는 쓰면 쓸수록 기능이 발달한다는 것을 강조하고 싶었기 때문일 거예요.

뇌에 대한 여러 가지 오해들

뇌에 대해 잘못 알고 있는 부분이 있어요. 왼손잡이가 오른손잡이보다 머리가 좋다고 말하지만 그렇지 않아요. 머리가 좋고 나쁜 것은 주로 어떤 손을 쓰든 크게 상관은 없답니다. 뇌가 크면 지능이 높다는 말도 잘못된 상식이에요. 아인슈타인의 뇌는 일반 사람보다 더 작았어요. 뇌 세포는 한번 죽으면 다시 만들어지지 않는다는 것도 사실이 아니랍니다.

03 우리 몸과 건강

슬기로운 생활 1-2 1. 나의 몸 과학 5-2 1. 우리 몸

머리카락은 몇 개나 될까?

머리카락의 가장 중요한 역할은 머리를 보호하는 것이에요. 우리 몸 중에서 가장 중요한 부분은 바로 뇌예요. 우리가 생각하는 것뿐만 아니라 말하고 듣고, 걷는 모든 활동은 뇌가 있어 가능한 거예요.

뇌는 중요하기 때문에 머리뼈가 단단하게 감싸고 있고, 머리카락도 있는 것이에요. 머리카락은 머리가 무언가에 부딪쳤을 때 충격을 줄여 주어 뇌를 보호하는 역할을 해요. 그리고 겨울에는 머리를 따듯하게 해 주고, 여름에는 뜨거운 햇볕으로부터 보호해 준답니다.

머리카락의 수는 사람마다 조금씩 차이가 있지만 대략 8만~12만 개 정도라고 해요. 정말 엄청나지요?

머리카락은 하루에 약 0.3밀리미터씩 자라 1센티미터 자라는 데 한 달 정도가 걸려요. 하지만 머리카락이 계속해서 자라는 것은 아니에요. 머리카락은 일정한 시간이 되면 빠지고 새로운 머리카락이 나요.

머리카락은 하루에 50~100개 정도가 빠지고, 빠진 만큼 새로운 머리카락들이 자라나지요.

억수로 많아서 다 셀 수 없을 정도네.

우리 몸과 건강

슬기로운 생활 1-2 1. 나의 몸 과학 5-2 1. 우리 몸

참았던 방귀는 어디로 갔을까?

방귀는 우리가 음식을 먹을 때 입으로 들어간 공기와 소화를 시키는 동안 만들어진 가스가 함께 나오는 것이에요. 방귀에서 지독한 냄새가 나는 것은 소화 과정에서 생겨나는 가스 때문이에요.

음식물이 소화되는 동안 장 안에 있는 세균 때문에 황화수소나 메탄가스, 인돌, 스카톨 등의 가스가 만들어져요. 이 가스들이 냄새를 지독하게 하는 것이지요.

사람은 누구나 방귀를 뀌어요. 사람들은 하루에 보통 600밀리리터 정도의 방귀를 뀌어요. 작은 생수병이 500밀리리터이니까 그보다 조금 많은 양의 방귀를 뀌는 것이지요. '설마 그렇게 많이 방귀를 뀔까' 하고 의아해할 수도 있지만 사실이랍니다. 화장실에서 대변을 볼 때나, 평소 우리가 모르는 사이에 방귀를 뀌는 것이에요.

그렇다면 참았던 방귀는 어떻게 될까요? 참았던 방귀는 위로 올라와 트림이 된다고 생각하는데 전혀 그렇지 않아요. 방귀는 참아도 조금씩 나오거나 대변을 보면서 나와요.

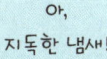

아, 지독한 냄새!

05 우리 몸과 건강

슬기로운 생활 1-1 4. 건강하게 생활해요 1-2 1. 나의 몸 과학 5-2 1. 우리 몸

우리는 **평생** 얼마만큼의 **음식**을 먹을까?

우리가 평생 동안 먹는 음식의 양은 엄청나게 많아요.

간단하게 몇 가지만 계산해 보아도 이것은 쉽게 알 수 있어요. 먼저 우리가 먹는 밥의 양을 계산해 볼까요?

우리가 먹는 밥 한 공기는 약 150그램 정도 돼요. 물론 사람에 따라서는 이보다 훨씬 많이 먹는 사람도 있고, 적게 먹는 사람도 있겠지요.

밥 한 공기를 150그램이라고 하면, 하루에 세 끼를 먹으니까 450그램이 되는 것이지요. 이것을 80년 동안 먹는다면 13,140킬로그램, 약 13톤 정도의 밥을 먹는 것이지요.

에구머니나, 저게 다 내가 평생 먹은 음식이라고?

한 끼에 4가지 정도의 반찬을 먹는다고 하면 80년 동안 약 350,400가지의 반찬을 먹는 것이에요. 그렇다면 반찬의 무게도 엄청나겠지요. 아마 밥 무게보다 더 많이 나갈 거예요.

우리가 평생 동안 마시는 물의 양도 엄청나요. 사람이 하루에 먹는 물의 양은 약 2리터 정도 돼요. 물론 이것을 모두 물로 마시는 것은 아니에요. 국이나 과일 등을 통해서 먹는 물까지 포함된 것이지요. 그리고 마시는 물의 양은 사람마다 차이가 있어요.

아무튼 하루에 2리터의 물을 마시면 1년이면 730리터를 마시는 것이고, 80년이면 58,400리터의 물을 마시는 것이지요.

통계에 따르면 사람은 평생 동안 소 6마리, 3톤의 물고기와 조개, 3만 7천 개의 달걀, 3.8톤의 과일을 먹는다고 해요.

그래서 사람들이 평생 동안 먹는 음식을 합치면 50톤이 넘어요. 50톤이면 커다란 트럭으로 몇십 대 분량의 어마어마한 양이에요.

우리가 평생 동안 누는 똥과 오줌의 양은?

우리가 먹은 음식의 60%는 똥으로 나와요. 그래서 우리가 평생 동안 누는 똥의 양은 50톤의 60%인 30톤 정도가 되는 것이지요. 그리고 마신 물의 대부분은 오줌과 땀으로 배출되어요. 우리는 평생 동안 5만 리터가 넘는 오줌을 누고, 땀을 흘리는 것이에요.

06 우리 몸과 건강

슬기로운 생활 1-1 4. 건강하게 생활해요 1-2 1. 나의 몸 과학 5-2 1. 우리 몸

하품을 하면 왜 눈물이 나올까?

졸리거나 피곤할 때에는 하품이 나와요. 하품을 하는 이유는 뇌에 산소를 공급하기 위해서라고 해요. 졸리다는 것은 몸이나 뇌가 피곤하다는 것을 말해요.

피곤한 상태에서도 뇌가 일을 하기 위해서는 평소보다 많은 산소가 필요해요. 그래서 입을 크게 벌려 한꺼번에 많은 산소를 들이마시는 것이지요. 이것이 바로 하품이에요. 깊고 길게 숨을 들이마시면서 뇌의 피로를 조금이나마 풀어 주기 위한 것이지요.

그런데 하품을 하다 보면 눈물이 날 때가 있지요. 그 이유는 하품을 할 때 근육이 눈물샘을 누르기 때문이에요.

하품을 하기 위해 입을 크게 벌리면 얼굴에 있는 근육들이 당겨지게 돼요. 이렇게 늘어나서 당겨진 근육이 눈 안쪽에 있는 눈물샘을 눌러요. 그래서 눈물샘에 고여 있던 눈물이 밖으로 나오는 것이에요.

슬기로운 생활 1-1 4. 건강하게 생활해요 1-2 1. 나의 몸 과학 5-2 1. 우리 몸

아프면 왜 열이 날까?

우리 몸의 온도는 36.5도로 일정해요. 온도가 일정해야 모든 기관들이 정상적으로 활동할 수 있기 때문이에요. 만약 몸의 온도가 너무 내려가거나 너무 높아지면 목숨이 위험해질 수도 있어요.

그런데 아프면 몸의 온도가 올라가 열이 나요. 아플 때 몸에서 열이 나는 것은 우리 몸이 병을 일으키는 병균을 물리치기 위해서예요.

병균들은 온도가 높아지면 힘이 약해지고 활동하기가 어려워져요. 세균이 힘이 빠져 머뭇거리는 사이에 세균들과 싸우는 백혈구들이 달려와 세균을 물리치는 것이에요. 그러니까 아플 때 몸에서 열이 나는 것은 백혈구가 세균과 잘 싸울 수 있도록 하기 위해서이지요.

그리고 아프고 나서 땀이 많이 나는 이유는 세균과 싸우는 동안 높아진 몸의 온도를 다시 정상으로 돌려 놓기 위해서예요.

우리 몸과 건강

슬기로운 생활 1-1 4. 건강하게 생활해요 1-2 1. 나의 몸 과학 5-2 1. 우리 몸

사람의 눈은 얼마나 예민할까?

사람의 감각 기관에는 여러 가지가 있어요. 코로 냄새를 맡는 후각, 귀로 소리를 듣는 청각, 입으로 맛을 보는 미각, 피부로 자극을 느끼는 촉각, 눈으로 보는 시각 등이 있지요.

특히 눈은 사람의 감각 기관 중에서 중요한 역할을 하기 때문에 아주 발달해 있어요. 사람은 눈을 통해서 대부분을 구별하고 판단해요.

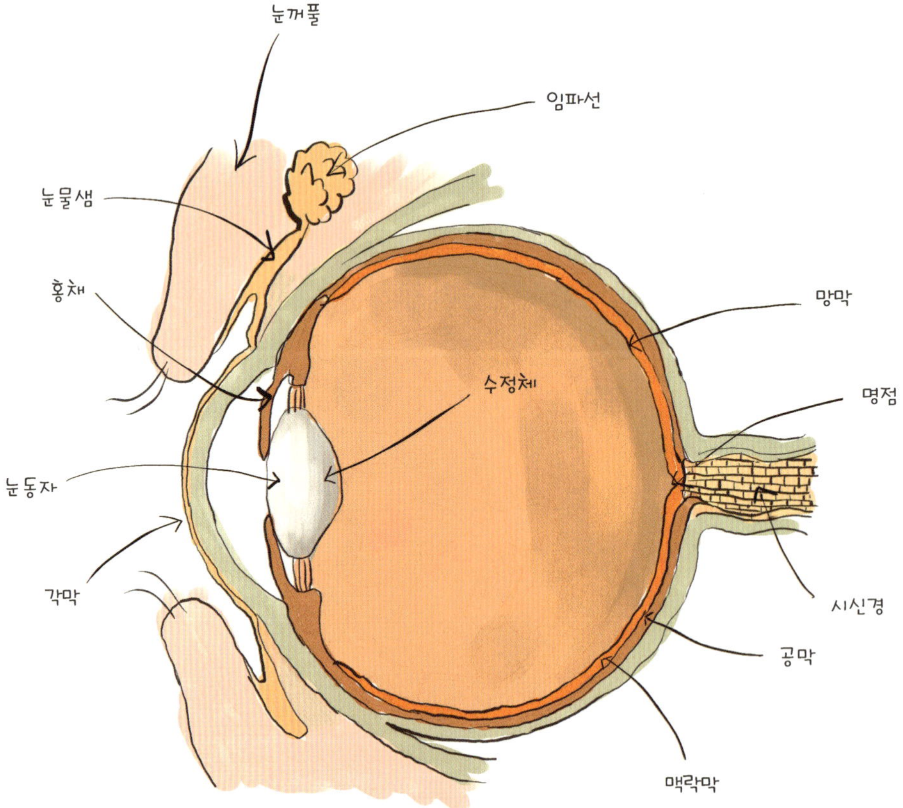

20

눈은 동시에 일어나는 100만 가지 이상의 모습을 보고 구별할 수 있어요. 그리고 800만 종류 이상의 색을 구별할 수 있어요. 또한 달이 없는 맑은 날 밤에는 80킬로미터 밖에서 켜는 성냥불을 볼 수 있어요.

그리고 눈은 빛의 밝기에 따라서 눈으로 들어오는 빛의 양을 조절해요. 눈에는 빛이 들어오는 동공이 있는데, 동공은 빛의 양에 따라서 커졌다 작아졌다 해요. 동공이 커질수록 많은 빛이 들어오게 되지요.

환한 곳에 있다가 어두운 곳에 들어가면 눈이 적응하는 데 약 1시간 정도가 걸려요. 처음에는 아무것도 보이지 않다가 차츰 보이는 것도 이런 이유 때문이에요. 하지만 어두운 곳에 적응하고 나면 눈은 햇빛 아래 있을 때보다 10만 배나 예민해져요.

그리고 즐거운 장면을 볼 때에도 동공이 커져요. 또한 동공은 조그만 소음에도 반사적으로 커져요. 아마도 즐거운 장면을 더욱 잘 보고, 소리가 나는 것을 빨리 확인하기 위해서일 거예요.

눈을 뜨고 재채기를 하면 정말 눈알이 튀어나올까?

재채기할 때 공기가 나오는 속도는 시속 160킬로미터에 달해요. 이렇게 빠른 속도로 공기를 내뱉기 위해서는 엄청난 힘이 필요해요. 그래서 재채기할 때 눈을 뜨고 있으면 눈알이 튀어나올지도 몰라요. 하지만 아직까지 이러한 사실이 확인되지 않았어요. 그리고 재채기를 할 때에는 저절로 눈을 감게 되므로 걱정할 필요가 없어요.

우리 몸과 건강

슬기로운 생활 1-2 1. 나의 몸 1-1 4. 건강하게 생활해요 과학 5-2 1. 우리 몸

흰 머리카락은 왜 생길까?

스트레스를 많이 받나 봐.

나? 13살.

우리 머리카락이 검은 것은 멜라닌 색소 때문이에요. 멜라닌 색소는 검은빛이 나게 하는 색소예요.

멜라닌 색소는 머리카락이나 피부에 있어요. 그래서 머리카락의 색깔뿐만 아니라 사람의 피부색도 결정해요.

흑인의 피부색이 검은 것은 피부에 멜라닌 색소가 많기 때문이고, 백인의 피부가 하얀 것은 멜라닌 색소가 적기 때문이에요.

머리카락의 색깔도 마찬가지예요. 머리카락에 멜라닌 색소가 많으면 검은색이 되고, 멜라닌 색소가 적으면 금발이나 갈색 머리카락이 되지요.

나이가 들면서 흰 머리카락이 생기는

이유도 멜라닌 색소 때문이에요. 나이가 들면 몸의 세포들이 늙고 약해져요. 그래서 머리카락의 멜라닌 색소를 만들어 내는 세포도 힘을 잃어 머리카락에 멜라닌 색소를 보내지 못해요.

머리카락에 멜라닌 색소가 들어오지 않으면 멜라닌 색소가 들어가야 할 곳이 텅 비어 버려요. 그 빈 곳에 공기가 들어가 빛을 반사하기 때문에 머리카락이 희게 보이는 것이랍니다.

그리고 걱정이 많으면 흰 머리카락이 많아진다는 말이 있지요? 그 말도 어느 정도 맞는 말이랍니다. 정신적으로 스트레스를 받으면 우리 몸에도 이상이 생겨 멜라닌 색소를 만들어내지 못할 수 있어요.

또한 음식을 골고루 먹지 않거나 운동을 하지 않아도 흰 머리카락이 생기기도 한답니다. 영양분이나 운동이 부족해도 우리 몸의 균형이 깨져 흰 머리카락이 생길 수 있어요.

그리고 유전적인 영향도 흰 머리카락이 생기는 이유 중에 하나예요. 부모가 흰 머리카락이 많으면 자식도 흰 머리카락이 많이 생기지요.

우리 몸과 건강

슬기로운 생활 1-1 4. 건강하게 생활해요 1-2 1. 나의 몸 과학 5-2 1. 우리 몸

몸에 때는 왜 생길까?

때는 더러운 것이 우리 몸에 붙은 것이라고 생각하기 쉬워요. 하지만 그렇지 않아요. 아무리 깨끗한 곳에서 더러운 것을 전혀 묻히지 않고 살아도 몸에 때는 생길 수밖에 없어요. 때는 우리 몸에서 만들어지는 것이에요. 피부가 벗겨지는 것이 때거든요.

우리의 피부는 여러 층으로 나누어져 있어요. 피부의 세포는 한 번 생긴 것이 계속 있는 것이 아니에요. 끊임없이 새로운 세포들이 만들어지고 오래된 세포들은 죽는답니다.

오래 되어 죽은 세포들이 모인 곳이 바로 피부의 가장 바깥쪽에 있는 각질층이에요. 각질층은 약 20층 정도로 층층이 이루어져 있는데, 위에서부터 차례로 떨어져 나가요. 죽은 지 오래된 세포의 순서대로 떨어져 나가는 것이지요.

우리 몸에서는 매일 약 100억 개 정도의 죽은 피부 세포가 떨어져 나가고 100억 개 정도의 피부 세포가 다시 만들어져요.

그런데 죽은 피부 세포 중에서 떨어져 나가지 못하고 몸에 붙어 있는 것이 있어요. 이것이

바로 때랍니다.

그러니까 때는 더러운 것이 몸에 붙어 있는 것이 아니라 우리 피부의 죽은 세포들이 몸에 붙어 있는 거예요. 때가 생기는 것은 손톱이나 머리카락이 자라는 것같이 자연스러운 것이지요.

목욕할 때 때를 민다고 때수건으로 너무 세게 문지르는 것은 좋지 않아요. 죽은 세포로 되어 있는 각질층은 병균이 피부로 들어오는 것을 막아 주는 역할도 해요. 너무 세게 문지르면 이런 각질층이 상하기 때문에 조심해야 해요.

때는 왜 검은색일까?

때는 피부의 맨 바깥쪽에 있기 때문에 땀이나 먼지에 쉽게 노출될 수밖에 없어요. 땀과 먼지가 죽은 피부 세포와 함께 섞여 있기 때문에 때가 검은색을 띠는 것이에요.

우리 몸과 건강

슬기로운 생활 1-2 1. 나의 몸 과학 5-2 1. 우리 몸

매운 맛은 왜 맛이 아닐까?

음식의 맛을 느끼는 곳은 입 안에 있는 혀예요. 그런데 혀는 네 가지 맛밖에 느끼지 못할 뿐만 아니라 맛을 느끼는 위치도 정해져 있어요.

짠맛은 혀 전체에서 느낄 수 있지만 단맛은 혀 끝 부분에서만 느낄 수 있어요.

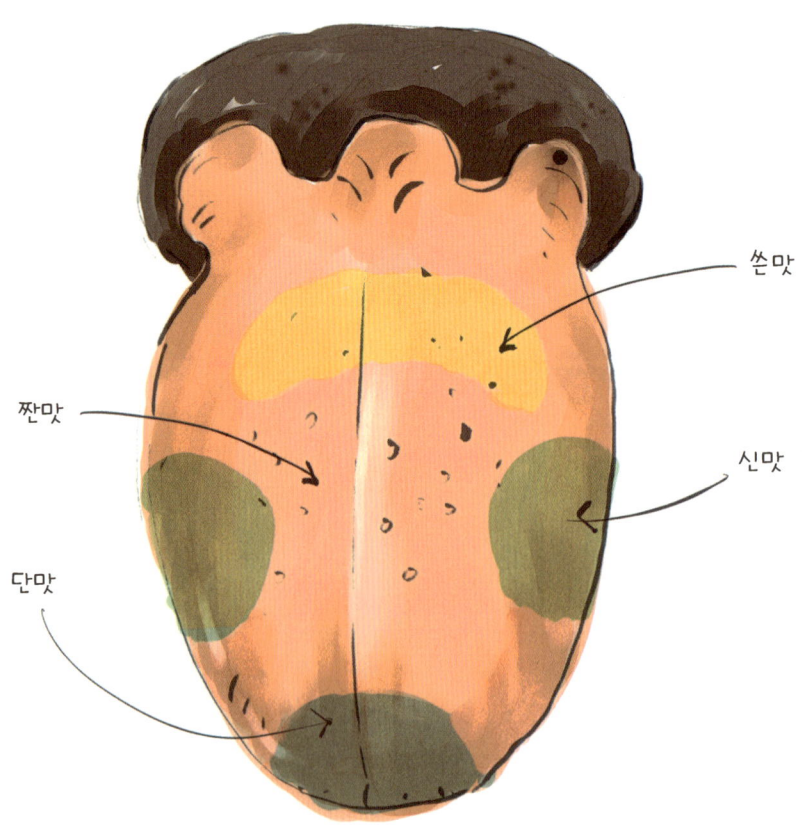

쓴맛은 혀의 안쪽, 신맛은 혀의 양쪽 가장자리에서만 느껴요. 그래서 혀끝에다가 아주 쓴 것을 대어도 쓴맛을 느끼지 못해요.

우리가 느끼는 음식의 맛은 네 가지 말고도 많아요. 그럼 매운 맛, 떫은 맛, 비린 맛, 고소한 맛 등은 어떻게 알까요?

우리가 음식을 먹을 때 맛은 혀에서만 느끼는 것이 아니에요. 우리의 코는 혀가 맛을 느끼는 것보다 만 배나 예민하답니다.

그래서 우리가 음식을 먹을 때 맛있다 맛없다고 느끼는 것은 혀보다는 코의 역할이 커요. 고소한 맛, 상큼한 맛, 비린 맛 등은 입보다는 코에서 냄새로 느끼는 것이에요. 감기에 걸려서 코가 막히면 음식 맛을 제대로 못 느끼는 것도 이 때문이에요.

그렇다면 매운 맛이나 떫은 맛은 어떻게 알까요?

매운 맛은 맛이 아니라 혀에서 느끼는 통증이에요. 매운 고추가 손에 닿았을 때 아프고 시큰거리는 것처럼 혀에서도 아픔을 느끼는 것이지요. 떫은 맛도 매운 맛처럼 혀에서 느끼는 아픔이에요.

우리 몸과 건강

슬기로운 생활 1-1 4. 건강하게 생활해요 1-2 1. 나의 몸 과학 5-2 1. 우리 몸

예방 주사액에도 병균이 들어 있을까?

우리 몸에는 면역이라는 방어 장치가 있어요. 면역은 우리 몸이 질병을 일으키는 병균을 기억하고, 그 병균을 막을 수 있는 항체를 만들어 내는 것이에요.

홍역처럼 한 번 앓고 나면 다시는 그 병에 걸리지 않는 병들이 있어요. 그것은 우리 몸에 그 병에 대한 면역이 생겼기 때문이지요.

우리는 몸에 면역을 만들기 위해 예방 주사를 맞아요. 그런데 놀랍게도 예방 주사액에는 병균이 들어 있어요.

하지만 걱정할 필요는 없어요. 예방 주사액에 들어 있는 병균은 죽었거나 거의 힘이 없는 병균들이니까요.

알고 보면 우리도 병균!

우리 몸은 힘이 없는 병균을 쉽게 이길 수 있어요. 뿐만 아니라 우리 몸은 그 병균을 기억하고 병균을 이길 수 있는 항체를 만들어낸답니다.

항체가 몸에서 만들어지면 정말 무서운 병균이 들어오더라도 이길 수 있는 것이지요. 그래서 우리는 병을 예방하기 위해서 여러 가지 예방 주사를 맞는 것이에요.

슬기로운 생활 1-2 1. 나의 몸 2-1 1. 커 가는 내 모습 과학 5-2 1. 우리 몸

부모가 음치이면 아이도 음치가 될까?

아버지와 아들은 비슷하게 닮아요. 그 이유는 부모에게 물려받은 유전자 때문이에요. 유전자에는 사람의 몸을 어떤 모양으로 만들라고 지시하는 암호가 들어 있어요. 이렇게 자식이 부모의 모양이나 성질을 물려받는 것을 유전이라고 해요.

부모에게 유전되는 것은 얼굴이나 몸의 생김새뿐만이 아니에요. 혈액형도 부모의 혈액형에 따라서 유전되며, 색깔을 구별하지 못하는 색맹이나 피가 나면 잘 멈추지 않는 혈우병과 같은 병도 유전돼요. 심지어는 암이나 당뇨, 고혈압 같은 질병들도 유전적인 이유가 많아요.

그리고 노래를 잘 부르지 못하는 음치도 유전돼요. 연구 결과 음치의 80%가 부모에게 물려받은 유전자 때문에 음치가 되었다고 해요.

우리의 뇌에는 음률을 인식하는 부분이 있는데, 이것을 조정하는 것이 유전자라고 해요. 그래서 부모가 음치이면 자식들도 음치가 될 확률이 높아요.

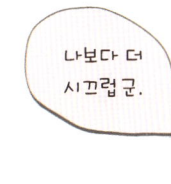

나보다 더 시끄럽군.

우리 몸과 건강

슬기로운 생활 1-1 4. 건강하게 생활해요   과학 5-1 4. 작은 생물의 세계

감기에는 **치료약**이 없을까?

감기는 누구나 1년에 한두 번씩은 걸리는 흔한 병이지만, 감기에 대해서 잘못 알고 있는 점이 많아요.

사실 감기는 무서운 병이랍니다. 감기 자체가 크게 문제되는 것은 아니지만 소홀히 하면 폐렴, 뇌막염 등과 같은 여러 가지 다른 병에 걸리기 쉬워요. 그래서 감기를 모든 병의 근원이라고 해요.

감기는 날씨가 추워서 걸리는 병이라고 생각하기 쉬워요. 하지만 감기는 추위 때문이 아니라 바이러스에 의해서 발생하는 병이에요. 감기 바이러스가 살고 있으면 아프리카처럼 더운 곳에서도 감기에 걸릴 수 있어요.

반면, 추운 북극 지방에서는 오히려 감기에 잘 걸리지 않아요. 북극은 날씨가 너무 추워 감기 바이러스조차 살 수 없기 때문이지요.

감기는 치료할 수 있는 특효약이 없는 병이에요. 감기를 일으키는 바이러스는 100가지가 넘어요. 그리고 감기 바이러스들은 계속해서 변해요. 그래서 감기는 특별한 치료약이 없으며, 예방하는 것도 어려워요.

이와 달리 독감은 인플루엔자라는 특별한 바이러스가 일으키는 질병이에요. 그래서 독감은 예방 주사가 있는 것이지요.

감기에 걸렸을 때 먹는 감기약은 기침이나 열을 내리게 하는 등 몸을 안정시켜 주는 역할을 할 뿐이에요. 감기를 치료하는 것은 감기약이 아니라 우리 몸이에요.

감기라는 말은 몸의 기운이 떨어졌다는 뜻이에요. 이 말처럼 감기는 몸이 약해졌을 때 걸리기 쉬워요. 감기에 걸렸을 때에는 몸의 기운을 북돋아 주어야 감기 바이러스를 이길 수 있어요.

감기는 한 가지 병이 아니다?

보통 콧물이 나고, 기침이나 열이 나고, 목이나 머리가 아픈 것을 감기라고 해요. 하지만 감기는 한 가지 병이 아니에요. 우리가 감기라고 하는 것은 급성 비염, 급성 인두염, 급성 후두염과 같이 각각 다른 병명을 가지고 있어요. 그런데 이들은 증상이 비슷하기 때문에 합쳐서 감기라고 해요.

우리 몸과 건강

슬기로운 생활 1-1 4. 건강하게 생활해요 1-2 1. 나의 몸 과학 5-2 1. 우리 몸

충치는 왜 생길까?

충치가 생기는 이유는 우리의 입 안에 있는 세균 때문이에요. 우리 입 안은 습하고 영양분이 많아 세균들이 살기에 아주 좋은 조건을 가지고 있어요.

입 속에 있는 세균들은 이 사이에 낀 음식물 찌꺼기를 먹어요. 이 과정에서 음식물 찌꺼기들은 발효되어 산성 물질이 되어요. 이 산성 물질이 이의 표면을 녹여 움푹 패이게 만들지요.

그래서 충치는 음식물 찌꺼기가 끼어 있는 곳에서부터 생겨요. 한번 충치가 생기면 움푹 패인 곳에 음식이 더 잘 끼기 때문에 이가 더 빨리 썩을 수밖에 없어요.

충치를 예방하기 위해서 가장 중요한 것은 음식을 먹고 이를 잘 닦는 것이에요. 연구에 따르면 음식을 먹고 난 후 1분 30초가 되면 치아 표면에는 이미 충치가 생기기 시작한다고 해요. 그러니 음식을 먹고 나서 바로 양치질을 하는 것이 좋아요.

웃는 게 쉬울까? 찡그리는 게 쉬울까?

슬기로운 생활 1-2 1. 나의 몸 과학 5-2 1. 우리 몸

우리는 여러 가지 표정을 지을 수 있어요. 하루에도 수백 번씩 얼굴 표정이 바뀌지요. 우리가 표정을 짓는 것은 저절로 되는 것 같지만 사실 많은 근육을 움직여야 하나의 표정을 만들 수 있어요.

우리 얼굴에는 많은 근육이 있어요. 근육은 우리 몸을 움직일 수 있게 해주지요. 이 근육이 어떻게 움직이느냐에 따라서 얼굴의 표정이 달라지는 것이지요.

그런데 얼굴 표정에 따라 움직이는 근육의 숫자는 각각 다르답니다.

미소를 지을 때에는 15개의 근육을 움직여야 해요. 그리고 43개의 근육을 움직여야 찡그리는 표정을 지을 수 있어요. 그러니까 웃는 것보다 찡그리는 것이 훨씬 어려운 것이지요.

그리고 말을 한 마디 하기 위해서는 적어도 72개의 각각 다른 근육을 움직여야 해요.

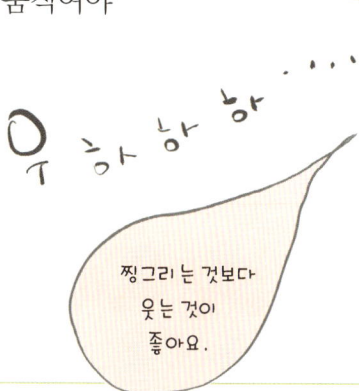

찡그리는 것보다 웃는 것이 좋아요.

17 우리 몸과 건강

슬기로운 생활 1-1 4. 건강하게 생활해요 1-2 1. 나의 몸 과학 5-2 1. 우리 몸

고름의 정체는 뭘까?

우리 몸에는 약 350억 개나 되는 백혈구들이 있어요. 피 한 방울에만 해도 7천 개 정도의 백혈구가 있지요. 백혈구들은 세균이 우리 몸에 들어오면 세균과 싸우는 역할을 해요.

백혈구에는 여러 종류가 있고, 하는 일도 각각 달라요.

먼저 세균을 죽이는 백혈구가 있어요. 그리고 세균을 꼼짝 못하게 묶어 버리는 백혈구도 있어요. 세균을 잡아먹는 커다란 대식 세포도 백혈구의 한 종류예요. 백혈구 중에는 100마리 이상의 세균을 잡아먹을 수 있는 큰 것도 있어요. 이러한 백혈구들이 있기에 우리는 병에 걸리지 않는 것이지요.

그런데 백혈구와 세균의 싸움에서 세균도 죽지만 백혈구도 많이 죽어요. 그래서 세균과 전투가 끝나면 시체들이 많이 쌓이게 돼요. 상처가 난 곳에 노란 고름이 생기지요?

고름은 싸우면서 죽은 세균과 백혈구의 시체들이에요.

이렇게 해서 고름이 되는구나.

자식들, 까불고 있어!

백혈구

우리 몸과 건강

과학 4-1 4. 모습을 바꾸는 물 5-2 1. 우리 몸

물을 마시지 않으면 어떻게 될까?

우리의 몸은 70% 정도가 물로 되어 있어요. 몸을 이루고 있는 물이 조금 줄어든다고 해서 별다른 문제가 없을 것 같지만 그렇지 않아요.

우리는 몸 속의 물이 1~2%만 부족해도 심한 갈증을 느끼고 괴로워해요. 그러다 5% 이상의 물이 몸에서 빠져나가면 정신을 잃게 되고, 12% 이상 물을 잃으면 죽게 된답니다.

물은 우리 몸이 생명을 유지하는데 중요한 역할을 해요. 물은 우리 몸을 이루고 있는 세포를 유지시켜 주어요.

만약 물이 없다면 세포들은 시멘트처럼 굳어져 생명을 유지할 수 없어요. 그리고 물은 우리 몸에 산소와 영양분을 공급하는 피와 조직액이 원활하게 돌 수 있도록 해주어요.

우리의 몸은 70%가 물로 되어 있어요.

영양소를 녹이고, 소화 흡수를 도와주며, 영양분을 운반해서 필요한 세포를 공급해 주는 역할을 하는 것도 물이에요. 뿐만 아니라 불필요한 노폐물을 몸 밖으로 내보내기 위해서도 물은 꼭 필요해요.

우리 몸과 건강

과학 3-1 1. 우리 생활과 물질

소금을 먹지 않으면 어떻게 될까?

　소금은 음식의 맛을 내고, 음식이 썩는 것을 막기 위해서 주로 사용돼요. 하지만 소금은 이보다 훨씬 중요한 일을 해요. 사람은 소금 없이는 살 수 없어요. 공기나 물을 마시지 못하면 죽는 것처럼 소금을 먹지 않으면 사람은 죽는답니다.

　우리 몸에서 소금은 여러 가지 역할을 해요.

　소금은 피를 통해 온몸 구석구석을 돌면서 세포 속의 노폐물을 받아와 몸의 신진 대사를 원활하게 해주어요. 소금은 혈관 벽에 붙어 있는

그렇다고 소금을 너무 많이 먹으면 안 돼!

우리 몸은 항상 일정한 양의 소금을 가지고 있어야 해.

짜.

찌꺼기들을 제거해 혈관을 정화시키고, 적혈구가 만들어지는 것을 도와요.

또한 물과 함께 우리 몸의 농도를 일정하게 조절하고, 피나 체액을 일정하게 유지하는 작용을 해요. 소금은 여러 가지 소화액의 성분이 되어 소화를 돕고, 음식물 속에 있는 병균들을 죽여요. 그래서 소금이 부족하면 소화가 되지 않고 밥맛이 없어지는 것이에요.

이외에도 소금은 몸에서 많은 작용을 해요. 몸에 열이 나는 것을 막아 주기도 하고, 상처가 났을 때 피가 금방 굳도록 도와주어요.

또한 몸이 새로운 세포를 만드는 것을 도와주기도 하고, 몸으로 들어오는 세균을 죽이고, 신경이나 근육의 움직임을 조절하는 역할도 해요.

소금이 이렇게 중요한 역할을 하기 때문에 우리 몸에는 항상 일정한 소금기가 유지되어야 해요. 만약 우리 몸에 소금기가 모자라면 몸의 균형이 깨져 병이 나고, 심하면 죽을 수도 있어요.

월급을 소금으로 주기도 했다

예로부터 사람들은 소금을 아주 중요하게 생각했어요. 그래서 예전에는 소금으로 다른 물건을 살 수도 있었어요. 고대 로마에서는 병사들의 월급을 소금으로 주기도 했어요. 월급을 영어로 '샐러리'라고 하는데, 이 말은 병사에게 준 소금에서 유래했어요. 중국에서는 세금을 소금으로 내기도 했어요.

 우리 몸과 건강

슬기로운 생활 1-2 1. 나의 몸 과학 5-2 1. 우리 몸

녹음한 내 **목소리**는 왜 낯설까?

   녹음기에서 나오는 자신의 목소리를 들으면 깜짝 놀라게 될 거예요. 내 목소리와는 전혀 다르게 들리기 때문이에요. 그런데 친구들에게 녹음기의 목소리를 들려 주면 내 목소리와 똑같다고 말해요. 녹음된 내 목소리는 나에게만 이상하게 들리는 것이지요. 왜 이런 차이가 생길까요?

   목소리는 목을 울려서 나와요. 이 울림은 입 밖으로 나와 공기를 통해서 상대방에게 들리게 되지요. 이것이 다른 사람이 듣는 내 목소리예요. 녹음을 할 때에도 이 소리가 그대로 녹음되는 것이에요.

우리는 다른 사람이 듣는 것과 마찬가지로 입 밖으로 나간 소리를 다시 귀로 들어요. 그러나 우리는 또다른 방법으로 자기 목소리를 들을 수 있어요. 말할 때 몸 안에서 울리는 소리를 직접 듣는 것이에요. 그래서 우리가 알고 있는 자기 목소리는 밖에서 들리는 소리와 몸 안에서 들리는 소리가 합쳐진 것이에요. 이 때문에 녹음기에서 나오는 자기 목소리가 이상하고 어색하게 들리는 것이에요.

그리고 녹음기에서 나오는 내 목소리가 좋지 않게 들리는 것도 당연한 것이에요. 자신의 몸 안에서 울리는 소리를 직접 듣는 것이 밖으로 나간 소리를 다시 듣는 것보다 훨씬 좋기 때문이지요. 이것은 평소에 공연장에서 직접 듣던 오케스트라 연주를 성능 나쁜 오디오로 듣는 것과 같은 이치예요.

녹음기는 언제 만들어졌을까?

소리를 녹음했다가 듣고 싶을 때 다시 듣는 것은 아주 오래전부터 많은 사람들이 꿈꾸었던 일이에요. 사람들은 소리가 공기의 떨림이라는 것을 알고 이것을 기록하려고 했어요. 1857년 진동판을 이용해서 소리의 떨림을 종이에 기록한 것이 녹음의 시초였어요. 하지만 이때 기록한 떨림은 다시 들을 수 없었지요.

녹음기를 처음으로 만든 사람은 에디슨이었어요. 1897년, 에디슨은 바늘로 소리의 떨림을 둥근 판에 홈으로 새긴 다음 이것을 다시 재생하는데 성공했어요. 이것이 녹음기의 시초예요.

동물과 식물

슬기로운 생활 2-1 7. 동물과 식물은 내 친구
과학 3-1 3. 동물의 한살이 3-2 2. 동물의 세계

고래는 어떻게 새끼에게 젖을 먹일까?

고래는 바닷속에서 살며 물고기와 비슷하게 생겼어요. 하지만 고래는 어류가 아니라 고양이나 개처럼 포유류랍니다.

물고기들은 물속에서 아가미로 숨을 쉬지만, 포유류인 고래는 물속에서 숨을 쉴 수가 없어요.

그 대신 고래는 오랫동안 잠수할 수 있어요. 하지만 어느 정도 시간이 지나면 물 위로 올라와 숨을 쉬어야 해요. 가끔 고래가 분수처럼 물을 뿜는 것을 볼 수 있는데, 이것은 고래가 물 위로 올라와 숨을 쉬는 것이에요. 고래의 콧구멍은 머리 위쪽에 있는데, 콧구멍으로 허파에 있던 공기를 내뿜는 것이지요. 그런데 이것이 마치 물을 내뿜는 것처럼 보이는 것이에요.

또한 물고기는 알을 낳지만 고래는 새끼를 낳아 젖을 먹여 키운답니다. 그런데 고래가 새끼에게 젖을 먹이는 데에는 문제가 있어요. 젖꼭지가 물속에 있으면 새끼고래가 젖을 빨 수 없어요. 고래는 물속에서 숨을 쉴 수 없기 때문이지요. 만약 물속에서 새끼가 젖을 빨면 숨을 쉴 수 없어서 죽고 말 거예요.

그래서 어미고래는 새끼에게 젖을 줄 때, 물 위로 올라아 비스듬히 드러누워 젖꼭지를 수면에 가깝게 들어 올려주어요. 그러면 새끼는 머리 위에 있는 콧구멍을 물 밖으로 드러내 숨을 쉬면서 젖을 빨아요. 새끼고래는 이렇게 1년 정도 어미젖을 먹고 자란답니다.

동물과 식물

슬기로운 생활 2-1 7. 동물과 식물은 내 친구
과학 3-1 3. 동물의 한살이 3-2 2. 동물의 세계

하루살이는 정말 하루만 살까?

'오래 살지 못하는 동물' 하면 가장 먼저 떠오르는 것이 하루살이일 거예요. 하루살이라는 이름은 하루밖에 살지 못한다고 해서 붙여진 이름이에요. 정말 하루살이는 하루밖에 살지 못할까요?

하루살이는 정말 하루 정도밖에 살지 못해요. 오래 살아야 3일 정도 살 수 있어요. 워낙 짧은 시간을 살기 때문에 하루살이는 먹이를 먹는 입도 없어요. 하루살이가 살아 있는 동안 하는 일이라고는 짝짓기를 해서 알을 낳는 것뿐이에요.

보통 하루살이들은 여러 마리가 떼를 지어 어지럽게 날아다녀요. 그것은 암컷과 수컷이 만나서 짝짓기를 하기 위해서예요. 수컷은 짝짓기가 끝나면 죽고, 암컷은 물가로 가서 알을 낳고는 바로 죽어요.

하지만 이것은 어른 하루살이가 되었을 때 이야기예요. 하루살이는 어른 하루살이가 되기 전에 애벌레로 1년 넘게 살아요. 애벌레로 3년 이상을 사는 하루살이도 있어요. 그러니까 하루살이는 하루만 사는 것이 아니라 긴 시간 동안 물속에서 애벌레로 살아가는 것이에요.

곤충은 대부분 '알 → 애벌레 → 번데기 → 어른 벌레'의 단계를 거쳐요. 그래서 곤충의 정확한 수명을 계산하기 위해서는 알에서부터 어른 벌레가 되어 죽을 때까지의 시간을 계산해야 해요.

이렇게 계산하면 수명이 가장 짧은 동물은 하루살이가 아니라 진딧물이에요. 진딧물의 한 종류는 알에서 태어나 죽기까지 기껏해야 4~5일밖에 걸리지 않아요.

그렇다면 가장 오래 사는 곤충은 무엇일까요?

매미는 오래 사는 곤충으로 유명해요. 매미는 어른 벌레로는 보통 1~3주 정도 살지만 애벌레로 사는 기간이 매우 길어요. 매미 중에는 무려 17년 동안이나 애벌레로 사는 것도 있어요.

하지만 매미보다 오래 사는 곤충이 있어요. 바로 딱정벌레예요. 딱정벌레 중에는 무려 51년 동안 애벌레로 사는 종류가 있답니다.

> 나는야, 좀쌍꼬리 하루살이.

23 동물과 식물

슬기로운 생활 2-1 7. 동물과 식물은 내 친구 과학 3-2 2. 동물의 세계

물고기는 어떻게 물의 **압력**을 견딜까?

　물속에 잠긴 물체는 물이 누르는 힘을 받게 돼요. 물이 누르는 힘을 물의 압력 혹은 수압이라고 하지요.

　물의 압력은 물의 깊이가 깊을수록 세져요. 물의 압력은 우리가 상상하는 것 이상으로 강하답니다. 물이 누르는 힘에 의해서 사람이 죽을 수도 있어요.

엄청난 물의 압력

이 정도 쯤이야.

지금까지 사람이 장비의 도움 없이 가장 깊이 잠수한 기록은 127미터라고 해요. 하지만 이것은 특별한 기록일 뿐, 사람은 40미터 이상 잠수하면 위험하답니다.

잠수함도 보통 300~800미터 정도밖에 잠수하지 못해요. 물의 압력을 견디지 못하기 때문이지요.

하지만 물고기는 그보다 훨씬 깊은 곳에서도 살고 있어요. 물고기가 이렇게 깊은 곳에서 물의 압력을 견딜 수 있는 이유는 물의 압력에 몸을 맞출 수 있기 때문이에요.

물고기는 끊임없이 입으로 물을 들이마셔요. 물고기 몸 안으로 들어온 물이 몸 밖의 물의 압력과 몸 안의 물의 압력을 똑같게 만드는 것이에요. 그래서 물고기는 수천 미터 깊이에서도 눌리거나 터지지 않고 살 수 있는 거예요.

이것은 물속 깊은 곳에 깡통을 넣으면 찌그러지지만, 그 깡통에 구멍이 뚫려 있으면 찌그러지지 않는 것과 같은 이치예요.

- 슬기로운 생활 2-1 7. 동물과 식물은 내 친구
- 과학 3-1 3. 동물의 한살이 3-2 2. 동물의 세계

남의 둥지에 알을 낳는 새가 있을까?

새들은 새끼를 낳기 위해 둥지를 만들고, 그 속에 알을 낳아 소중하게 품어요. 그리고 새끼들에게 먹이를 물어다 주지요.

그런데 둥지를 만들지도, 알을 품지도, 새끼들을 위해 먹이를 물어다 주지도 않는 새들이 있어요. 두견이과에 속하는 뻐꾸기, 두견이, 매사촌 등이 그런 새들로, 이 새들은 다른 새의 둥지에 알을 낳는답니다.

뻐꾸기는 때까치나 종달새 둥지에 알을 낳아요. 뻐꾸기는 때까치가 잠깐 둥지를 비운 사이에 때까치의 알을 몇 개 훔쳐 가고 대신 자기 알을 낳아 놓아요. 뻐꾸기의 알은 때까치의 알과 크기나 색깔이 비슷해요. 그래서 때까치는 뻐꾸기의 알도 자기가 낳은 알인 줄 알고 열심히 품어요.

뻐꾸기의 알은 때까치의 알보다 먼저 깨어나 아직 부화하지 않은 때까치의 알들을 모두 둥지 밖으로 밀어 떨어뜨려요. 혼자서 어미때까치가 물어다 주는 먹이를 전부 받아 먹고 어느 정도 자란 뻐꾸기는 때까치 둥지를 훌쩍 떠나 버린답니다.

내 알 맞나?

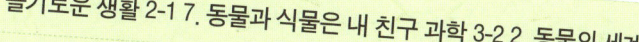

동물들도 슬프면 눈물을 흘릴까?

슬기로운 생활 2-1 7. 동물과 식물은 내 친구 과학 3-2 2. 동물의 세계

동물들도 사람처럼 감정을 가지고 있어요. 뿐만 아니라 동물들도 감정을 표현할 줄 알아요. 애완 동물을 길러 본 사람이라면 이런 것을 쉽게 알 수 있어요.

동물들은 기분이 좋으면 팔짝팔짝 뛰고, 기분이 좋지 않으면 한 쪽 구석에 시무룩하게 앉아 있기도 해요. 잘못한 일이 있어 혼날 때에는 풀 죽은 모습을 하고 있지요.

가끔 텔레비전에서 새끼를 잃은 어미개나, 병든 동물들이 눈물을 흘리는 것을 볼 수 있어요. 정말 동물들도 슬프면 눈물을 흘릴까요?

결론부터 말하자면 동물들은 슬퍼서 눈물을 흘리는 것이 아니라 습관적으로 눈물을 흘리는 것이에요.

사람은 눈을 깜박거릴 때마다 눈물이 나와 눈을 보호해 주어요. 동물들도 눈동자를 촉촉하게 적셔 주기 위해서 눈물이 나와요. 그러다가 가끔은 평소보다 많은 눈물이 흐를 때도 있어요. 이런 이유로, 동물들이 눈물을 흘리는 것이 슬퍼서 우는 것처럼 보일 뿐이랍니다.

26 동물과 식물

슬기로운 생활 2-1 7. 동물과 식물은 내 친구 과학 3-2 2. 동물의 세계

곤충이 죽으면 왜 뒤집혀질까?

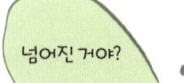

집에서 죽어 있는 바퀴벌레를 자세히 살펴보세요. 죽은 바퀴벌레는 대부분 뒤집혀 있을 거예요. 바퀴벌레뿐만 아니라 매미, 무당벌레, 귀뚜라미 등 대부분의 곤충 시체는 뒤집혀 있어요.

죽은 곤충이 뒤집혀 있는 이유는 다리 때문이에요. 곤충은 모두 가늘고 긴 3쌍의 다리를 가지고 있어요. 곤충의 다리는 딱딱한 뼈로 된 것 같지만 딱딱한 껍질 안에는 근육이 있어요. 곤충도 사람처럼 근육의 힘으로 다리를 움직이는 것이지요.

그런데 곤충이 죽으면 다리 근육이 굳어지면서 다리들이 모두 안쪽으로 오므라들어요. 다리들이 안쪽으로 오므라들면 서 있지 못하고 벌러덩 넘어지는 것이지요. 게다가 대부분의 곤충은 둥글넓적하기 때문에 쓰러지는 힘에 의해서 뒤집어지는 것이지요.

그러나 모든 곤충이 죽으면 뒤집히는 것은 아니에요. 나비처럼 큰 날개를 갖고 있는 곤충은 옆으로 쓰러져요. 커다란 날개 때문에 옆으로 쓰러지는 것이 당연하겠지요.

동물과 식물

슬기로운 생활 2-1 7. 동물과 식물은 내 친구
과학 3-1 3. 동물의 한살이 3-2 2. 동물의 세계

물고기는 어떻게 물속에서 숨을 쉴까?

물고기들도 사람처럼 숨을 쉬어야 살 수 있어요. 그런데 물고기들은 사람과 다른 방법으로 숨을 쉬어요. 사람은 공기 중에 있는 산소를 코나 입으로 마셔 허파로 숨을 쉬지만, 물고기들은 아가미로 물속에 녹아 있는 산소를 마셔요.

물속에는 산소가 없는 것 같지만 물속에도 산소가 녹아 있어요. 물고기들은 물속을 헤엄치면서 끊임없이 물을 마셔요. 마신 물은 입을 지나 아가미로 가요.

물고기의 아가미는 물속에 녹아 있는 산소를 마실 수 있도록 되어 있어요. 아가미는 빗살 모양의 판이 여러 장 겹쳐 있고, 수많은 실핏줄들이 퍼져 있어 진한 선홍색을 띠어요.

아가미에 있는 실핏줄들의 벽은 무척 얇아 물속에 녹아 있는 산소가 이곳을 지나면서 자연스럽게 스며들어요. 그리고 필요 없어진 이산화탄소를 몸 밖, 즉 물속으로 내보낸답니다.

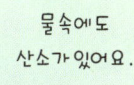

물속에도 산소가 있어요.

49

동물과 식물

> 슬기로운 생활 2-1 7. 동물과 식물은 내 친구
> 과학 3-1 3. 동물의 한살이 3-2 2. 동물의 세계
>
> ## 자라면서 **암수가 바뀌는** 동물이 있을까?

동물 중에는 자라면서 암컷과 수컷이 바뀌는 경우도 있어요. 물속에 사는 물고기나 새우, 오징어 같은 동물들이 대표적이에요. 이들은 어느 정도 자라면 수컷이 암컷이 되기도 하고 암컷이 수컷이 되기도 해요.

감성돔, 도미, 황등어, 농어, 양태 등은 태어날 때에는 모두 수컷이지만 자라면서 암컷으로 바뀌어요. '패롯피쉬'라는 물고기는 수컷 한 마리가 여러 마리의 암컷을 거느리고 살아요. 그런데 수컷이 죽게 되면 암컷 중에서 일부가 수컷으로 바뀌어요.

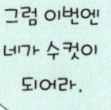
그럼 이번엔 네가 수컷이 되어라.

그럴까?

이렇게 물고기들이 자라면서 암컷과 수컷이 서로 바뀌는 데에는 이유가 있어요. 물고기들은 태어나서 얼마 되지 않아 대부분이 다른 물고기에게 잡아먹히거나 죽어요.

알을 낳을 수 있을 정도로 크는 물고기는 극히 일부분에 지나지 않아요. 암컷과 수컷이 정해져 있으면 암수의 비율이 맞지 않아 새끼를 낳을 수 없는 경우가 많아요. 그래서 물고기들은 새끼를 낳기 위해 필요에 따라 암컷이나 수컷이 되는 것이에요.

그리고 태어날 때의 온도에 따라 암컷과 수컷이 정해지는 경우도 있어요. 거북, 뱀, 도마뱀, 악어가 그런 종류들이에요.

바다거북은 섭씨 30~35도에서 부화하면 모두 암컷이고, 20~22도에서 부화하면 모두 수컷이에요. 정말 신기하죠?

암컷과 수컷이 한몸에 같이 있는 동물

동물 중에는 암컷과 수컷이 한몸에 있는 경우도 있어요. 지렁이, 달팽이, 플라나리아 등이 바로 그런 동물들이에요. 이들은 두 마리가 교배해서 알을 낳지만, 교배할 상대가 없으면 혼자서 암컷과 수컷의 역할을 해서 알을 낳기도 한답니다.

29 동물과 식물

슬기로운 생활 1-1 4. 건강하게 생활해요 과학 5-1 4. 작은 생물의 세계

세균은 모두 나쁠까?

우리 눈에 보이지 않지만 우리 주변에는 세균이 우글우글해요. 우리가 들이마시는 공기, 우리가 먹는 물이나 음식, 우리가 만지는 책상에도 세균이 수두룩해요. 뿐만 아니라 우리 몸속에도 세균이 아주 많아요.

세균 중에는 아주 무시무시하고 끔찍한 질병을 일으키는 것이 많아요.

페스트균은 1348년부터 불과 몇 년 사이에 유럽 인구의 1/3이나 죽게 할 정도로 무서운 세균이에요.

역사상 가장 많은 사람을 죽인 것은 천연두 바이러스였어요. 전 세계적으로 천연두로 죽은 사람은 5억 명이 넘어요.

무시무시한 독감 바이러스는 수천만 명의 사람들을 죽였어요. 이 정도 되면 독감도 무시할 것이 못 되지요.

뿐만 아니라 장티푸스나 콜레라, 폐렴, 에이즈 등 무서운 질병도 모두 세균이나 바이러스가 일으키는 병이에요. 지금 이 순간에도 세균들은 호시탐탐 사람들의 몸속에 들어가 병을 일으키려고 벼르고 있어요.

하지만 세균이라고 해서 다 나쁜 것은 아니에요.

우리 생활에 도움을 주는 좋은 세균도 많아요. 요구르트, 치즈, 포도주, 맥주 등을 만들 수 있게 해주는 것도 세균들이에요.

된장이나 김치 등도 세균이 없다면 만들 수 없답니다. 유산균과 같은 세균은 우리 몸 안에서 장 운동을 도와주고, 비타민을 만들어 건강에 도움을 주어요.

또한 폐수 같은 오염된 물을 정화시키는 세균도 있고, 농작물이 잘 자라게 해주는 세균도 있어요.

이처럼 세균은 우리 생활에 없어서는 안 될 중요한 역할도 하고 있답니다.

동물과 식물

슬기로운 생활 2-1 7. 동물과 식물은 내 친구
과학 3-1 3. 동물의 한살이 3-2 2. 동물의 세계

파리가 다리를 비비는 이유는 뭘까?

여름에 모기와 함께 사람들을 가장 괴롭히는 것이 바로 파리예요. 윙윙거리며 날아다니면서 낮잠을 방해하기도 하고, 맛있는 음식에 올라앉기도 하지요. 그런데 그보다 더 나쁜 것은 파리가 수많은 병균을 옮긴다는 것이에요.

그런데 앉아 있는 파리를 자세히 보면 항상 다리를 싹싹 비비고 있어요. 그 모습이 마치 잘못을 용서해 달라고 비는 것처럼 보이기도 해요. 이것이 정말 파리가 용서를 비는 몸짓일까요?

파리가 다리를 비비는 것은 용서를 비는 것이 아니에요. 이런 파리의 행동이야말로 사람들에게 병균을 옮기는 무서운 행동이에요.

파리의 몸은 매끈한 것처럼 보이지만, 온몸에는 가느다란 털들이 잔뜩 돋아 있어요. 그래서 하수구나 화장실, 쓰레기통 같

은 곳의 더러운 것들이 다리의 털에 묻게 돼요.

파리가 다리를 비비는 이유는 다리털에 붙어 있는 더러운 것을 털어 내기 위해서랍니다. 만약 파리가 우리가 먹는 음식 위에서 다리를 비빈 다면 파리의 다리에 붙어 있던 수많은 더러운 것과 병균들이 음식 위로 떨어지게 되는 것이지요.

그리고 파리는 입보다는 다리를 통해서 음식의 냄새와 맛을 알 수 있어요. 이런 이유로 파리가 음식 위에 앉았을 때 유난히 다리를 많이 비비는 것이에요. 음식의 맛을 알기 위해서 다리를 더 깨끗하게 닦아내야 하기 때문이지요.

파리가 천장에 붙어 있을 수 있는 이유는?

파리의 다리 끝에는 강한 발톱이 있어서 벽이나 천장에 붙어 있을 수 있어요. 뿐만 아니라 발톱 사이에는 흡반이라는 것이 있어요. 파리의 흡반에서 끈끈한 액체가 뿜어져 나와 천장에 붙어 있거나 유리창처럼 미끄러운 곳도 쉽게 걸어다닐 수 있어요.

동물과 식물

과학 3-1 3. 동물의 한살이

실험을 할 때 왜 쥐를 사용할까?

쥐는 여러 가지 실험을 할 때 널리 사용되고 있어요. 우리나라에서도 1년 동안 약 500만 마리의 쥐가 각종 실험에 이용되고 있지요. 미국과 일본에서는 우리나라보다 훨씬 많은 약 5,000만 마리의 쥐가 실험에 이용되고 있어요.

의약품이 안전한지, 새로운 처방은 효과가 있는지, 어떤 물질에 독성이 얼마나 있는지, 그리고 여러 가지 병들은 왜 일어나는지에 대한 실험을 할 때 주로 쥐를 이용하고 있어요. 뿐만 아니라 심리 테스트에도 쥐가 이용되고 있어요.

실험용 쥐는 국제적으로 검증된 시설에서 키운 검증된 쥐로 실험을 해야만 실험 결과를 인정받을 수 있어요. 왜 하필이면 쥐를 실험용으로 쓸까요? 실험을 할 동물들은 많을 텐데 말이에요.

쥐가 실험용으로 많이 쓰이는 이유는 척추 동물인 데다 생물학적으로 사람과 비슷하기 때문이에요. 사람에게 직접 실험을 할 수 없으니까 사람과 비슷한 동물로 실험을 하는 것이지요.

쥐는 작기 때문에 보관하기도 쉽고, 여러 마리를 한꺼번에 실험하기도 쉬워요. 또한 번식력도 뛰어나고, 수명이 2년 정도로 짧기 때문에 실험 결과를 금방 알 수 있어요.

이러한 이유 때문에 쥐가 주로 실험에 이용되는 것이에요.

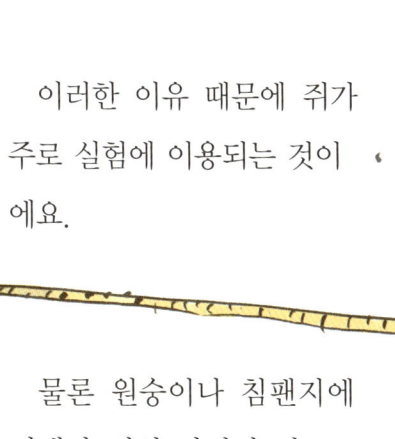

우리는 이로운 동물 중 하나야.

물론 원숭이나 침팬지에 비해서 쥐의 가격이 싼 이유도 있겠지요.

우리도 쥐답게 살고 싶다!

난 실험용 쥐는 되기 싫어, 찍찍.

실험용 쥐의 가격은 얼마나 될까?

실험용 쥐는 한 종류가 아니에요. 당뇨, 고혈압 등 특정 질환을 갖고 태어나는 '질환 모델 쥐', 몸에 털이 나지 않아 병의 진행 상황이나 약품의 효과를 쉽게 볼 수 있는 '누드 쥐' 등 다양한 실험용 쥐가 있어요. 실험용 쥐의 가격은 종류에 따라 다른데, 한 마리에 3,500원부터 5만원 이상까지 다양해요.

- 슬기로운 생활 2-1 7. 동물과 식물은 내 친구
  과학 3-1 3. 동물의 한살이 3-2 2. 동물의 세계

개미나 꿀벌도 서로 말을 할까?

　개미나 꿀벌은 함께 모여 사는 곤충이에요. 서로 도우면서 자신이 맡은 일을 충실히 해 나가지요.

　개미나 꿀벌은 서로 말을 한답니다. 만약 서로 말을 하지 못하면 함께 모여서 살 수 없을지도 몰라요.

　꿀벌은 사람처럼 목소리로 말하는 것이 아니라 수화처럼 몸짓으로 말을 해요. 꿀벌은 맛좋은 꿀이 있는 꽃밭을 발견하면 춤을 추어 다른 꿀벌들에게 그 사실을 알려 주어요.

　꽃밭이 100미터 안에 있을 때에는 동그랗게 원을 그리면서 빙글빙글 돌아요. 꽃밭이 더 멀리 있을 때에는 8자 모양으로 춤을 춰요.

　꿀벌의 춤은 꽃밭의 거리에 따라 횟수와 속도도 달라져요. 약 300미터 정도에 꽃밭이 있으면 약 7번 정도 8자 모양을, 그리고 1,000미터 정도의 거리에 꽃밭이 있으면 4~5번 정도 춤을 춘다고 해요.

　꿀벌들은 동료가 춤을 추는 모습을 보고 꽃밭이 어디에 있는지 알고 그곳으로 찾아가요.

꿀벌과 같이 단체 생활을 하는 개미도 서로 말을 하는 방법이 있어요. 개미는 몸에서 나오는 페로몬이라는 특수한 물질로 서로 이야기를 해요. 개미들은 페로몬 냄새를 무척 잘 맡을 수 있어요. 먹이를 발견한 개미가 페로몬을 조금만 내뿜어도 근처에 있는 개미들은 금세 알아차리고 몰려와요.

개미는 페로몬을 통해서 먹이가 있는 곳을 알릴 뿐만 아니라 적이 쳐들어온 것도 알려요. 개미들이 내뿜는 페로몬은 상황에 따라서 다르기 때문에 개미들은 페로몬 냄새를 맡고 동료 개미가 말하는 것을 알 수 있는 것이지요.

뿐만 아니라 개미의 허리에는 소리를 낼 수 있는 기관이 있어요. 사람에게는 들리지 않는 작은 소리지만, 개미들은 그 소리를 듣고 동료에게 달려가기도 한답니다.

33 동물과 식물

슬기로운 생활 2-1 7. 동물과 식물은 내 친구
과학 3-1 3. 동물의 한살이 3-2 2. 동물의 세계

모기는 왜 피를 빨아먹을까?

여름에 사람들을 가장 괴롭히는 곤충은 모기일 거예요. 모기에게 물리면 가려워서 잠을 설치기 일쑤지요.

그런데 모든 모기가 사람의 피를 빠는 것은 아니에요. 모기는 원래 식물의 즙이나 과일즙을 먹고 살아요.

피를 빨아먹는 모기는 모두 암컷이에요. 암컷 모기가 피를 빨아먹는 것은 알을 낳기 위해서랍니다. 모기는 한번에 100개에서 많게는 400개의 알을 낳아요. 알을 낳기 위해서는 동물성 단백질이 필요해요. 암컷 모기는 동물성 단백질을 얻기 위해 피를 빨아먹는 것이지요.

모기는 물 한 방울 정도인 3~10밀리그램 정도의 피를 빨 수 있어요. 이것은 모기 몸무게의 2~3배가 넘는 엄청난 양이지요. 배부른 모기는 가까운 벽이나 나무에 앉아서 약 1시간 가량 휴식을 취하면서 소화를 시켜요.

그런데 모기가 피를 빨아먹는 과정은 생각보다 복잡해요. 모기는 긴 대롱 같은 주둥이를 가지고 있어요. 이 주둥이에는 톱날 같은 이빨과 피를 빠는 관이 있어요.

모기는 먼저 톱날 같은 이빨로 사람의 피부에 상처를 내요. 그리고 상처에 기다란 주둥이를 찌른 다음 자신의 침을 뱉어 넣어요.

모기의 침은 사람의 피가 굳어지는 것을 막는 역할을 해요. 사람의 피는 밖으로 나오면 금방 굳어져 모기가 먹을 수 없거든요. 모기에 물렸을 때 가려운 것은 바로 모기가 우리 몸에 집어넣은 침 때문이에요.

모기는 배가 부를 때까지 피를 빨아먹고는 주사했던 침을 다시 빨아들여요. 그래서 모기가 피를 빨다 만 자리보다 모기가 배부르게 피를 빨아먹은 자리가 덜 가려워요.

모기다!

너무 많이 먹어서 날 수가 없어. 낑. 낑.

34 동물과 식물

슬기로운 생활 2-1 7. 동물과 식물은 내 친구
과학 3-1 3. 동물의 한살이 3-2 2. 동물의 세계

개는 냄새를 얼마나 잘 맡을까?

개는 냄새를 맡는 능력이 발달한 동물이에요.

개들의 후각은 사람보다 백만 배 가량 더 예민하다고 해요. 수천 가지의 냄새들이 섞여 있어도 그 냄새들을 구별할 수 있어요. 또한 바람 없고 습한 날씨라면 이틀이 지난 냄새까지도 맡을 수 있어요.

개들은 주로 냄새로 모든 것을 판단해요. 먹이를 찾는 것뿐만 아니라 다른 동물을 만났을 때, 그것이 어떤 동물인지도 냄새로 알아요. 또한 냄새로 같이 있는 동료들의 기분까지 알 수 있답니다.

냄새를 맡는 능력이 뛰어나기 때문에 많은 곳에서 개를 이용하고 있어요. 공항에서는 물건 속에 감춰 온 마약을 찾는 데 이용되고, 군대나 경찰에서는 적이나 범인을 찾는 데 이용해요. 개들은 사람의 몸에서 나는 땀 냄새의 차이까지 구별할 수 있기 때문이지요.

또한 개들은 소리를 듣는 능력도 뛰어나요.

개들은 사람이 들을 수 있는 거리보다 네 배나 멀리서 나는 소리를 들을 수 있어요. 그리고 사람이 들을 수 없는 높은 주파수의 소리까지도 들어요.

뿐만 아니라 쓸모 없는 소리를 걸러낼 수 있는 능력도 가지고 있답니다.

개들은 100미터 앞에 있는 주인도 못 알아본다?

개들은 냄새를 맡는 후각이나 소리를 듣는 청각은 매우 발달해 있지만 시력은 사람보다 훨씬 떨어져요. 개들은 100미터 앞에 있는 주인도 알아보지 못할 정도로 눈이 나빠요. 그리고 색깔을 구별할 수도 없어요. 개들의 눈에는 세상이 온통 흑백으로 보일 뿐이지요.

동물과 식물

슬기로운 생활 2-1 7. 동물과 식물은 내 친구
과학 3-1 3. 동물의 한살이 3-2 2. 동물의 세계

게는 왜 거품을 내고, 옆으로 걸을까?

게가 물 밖에 있으면 거품을 내는 것을 볼 수 있어요. 게가 거품을 내는 이유는 숨을 쉬기 때문이에요.

게는 물고기처럼 물속에서 아가미로 숨을 쉬는 동물이에요. 물고기처럼 물을 마시면서 아가미로 물 안에 들어 있는 산소를 흡수하지요.

게의 가슴 쪽에 아가미가 있고, 몸통과 다리 사이에 물을 빨아들이는 구멍이 있어요. 그리고 입 양쪽에는 아가미에서 산소를 빨아들인 물을 내뱉는 구멍이 있어요. 게가 빨아들인 물은 아가미를 거쳐 입 양쪽에

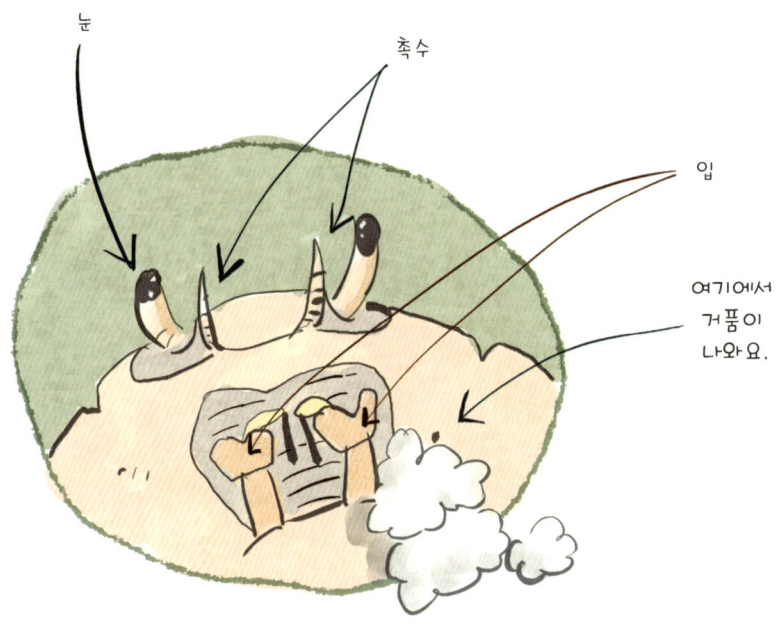

있는 구멍으로 빠져나가요.

　게의 입에서 거품이 생긴다고 생각하기 쉽지만 그렇지 않아요. 게의 거품은 입 양쪽에 있는 물을 내뱉는 구멍에서 생겨요. 게가 물속에 있을 때에는 물이 들어가고 나오는 것이 표가 나지 않아요. 하지만 물 밖에 있을 때에는 게가 숨을 쉬고, 내뱉는 물이 공기와 만나 보글보글 거품이 생겨요.

　게가 옆으로 걷는 이유는 게의 다리가 옆으로 걷기에 훨씬 편리한 구조로 되어 있기 때문이에요. 게는 몸통 옆에 붙어 있는 10개의 다리를 가지고 있어요. 아주 가깝게 붙어 있어 앞뒤로 움직이기에 불편할 수밖에 없어요. 앞으로 걸으려고 하면 기다란 발들이 서로 엉켜버리고 말 거예요.

　그리고 게의 다리에는 각각 7개의 마디가 있는데, 이 마디들은 모두 옆으로 구부렸다 폈다 하기 편하게 되어 있어요. 그래서 게는 앞으로 걷는 것보다 옆으로 걷는 것이 훨씬 편하답니다.

나는 옆으로 걷는 게 편해.

동물과 식물

슬기로운 생활 2-1 7. 동물과 식물은 내 친구
과학 3-1 3. 동물의 한살이 3-2 2. 동물의 세계

무당벌레의 색깔이 화려한 이유는 뭘까?

　작은 곤충들은 매우 힘이 약해요. 새나 다른 동물들에게 언제 잡아먹힐지 모르지요. 그래서 곤충들은 자기 몸의 색깔을 주위 환경과 비슷하게 해서 다른 동물들의 눈에 띄지 않게 해요.

　메뚜기는 풀이 무성한 여름에는 초록색을 띠어요. 하지만 풀이 노랗게 시드는 가을이 되면 메뚜기의 몸 색깔도 누런색으로 변한답니다.

　이렇게 주변의 색과 비슷한 색을 가지고 자신의 몸을 숨기는 것을 '보호색'이라고 해요. 메뚜기뿐만 아니라 많은 곤충들이 보호색으로 자신을 보호하고 있어요.

　그런데 반대로 눈에 잘 띄는 화려한 색깔과 무늬를 가진 곤충들도 있어요. 무당벌레는 빨간색에 까만 점이 선명하게 박혀 있어서 어디에 숨더라도 금방 눈에 띌 수밖에 없어요. 그런데 무당벌레가 이렇게 화려한 색깔을 가지고 있는 이유 역시 자신을 보호하기 위해서랍니다.

　무당벌레는 공격을 받으면 고약한 냄새를 풍겨요. 무당벌레를 공격하려던 새나 다른 동물들은 무당벌레의 고약한 냄새에 질려 잡아먹는 것을 포기해요. 한번 무당벌레를 잡아먹은 새들은 다음에는 무당벌레를 잡아먹으려 하지 않아요. 만약 무당벌레가 평범한 색깔을 가지고 있다면 새들은 무당벌레를 쉽게 기억할 수 없을 거예요. 그래서 무당벌레는 한번 보면 다시는 잊어버리지 못하도록 눈에 띄는 화려한 색깔을 가

지고 있답니다.

 이렇게 주위의 색깔과 구별되는 화려하고 특이한 색을 가진 동물의 몸 색깔을 '경계색'이라고 해요. 경계색은 독을 가지고 있거나 맛이 없다는 것을 다른 동물에게 알려 경계하는 역할을 하지요.

37 동물과 식물

- 슬기로운 생활 2-1 7. 동물과 식물은 내 친구
  과학 3-1 3. 동물의 한살이 3-2 2. 동물의 세계

곤충들은 얼마나 많은 알을 낳을까?

얘들아, 조용히 좀 해라.

오글와글

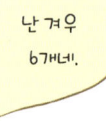

난 겨우 6개네.

곤충들의 수명은 길지 않아요. 많은 수의 어른 곤충들은 몇 달을 넘기지 못하고 죽어요. 어른 하루살이는 겨우 몇 시간 살 뿐이지요.

하지만 곤충들이 낳는 알의 수는 엄청나게 많아요. 대부분의 곤충들은 일생 동안 수백 개에서 수천 개의 알을 낳아요.

이들보다 훨씬 많은 알을 낳는 곤충들이 있어요. 개미와 꿀벌이 대표적이지요.

아프리카 병정개미는 25일 동안에 3백만~4백만 개의 알을, 흰개미 여왕은 매일 3만 개의 알을 낳아요. 그리고 군대개미는 36일 동안에 12만 개의 알을 낳아요.

팔레스타인 꿀벌은 1년 동안에 약 20만 개의 알을 낳는다고 해요. 이 꿀벌은 3~4년 정도 살기 때문에 일생 동안 60만~80만 개의 알을 낳게 되지요.

그렇다고 모든 곤충들이 많은 알을 낳는 것은 아니에요. 곤충 중에는 평생 동안 10개도 안 되는 알을 낳는 것들도 있어요.

파리의 한 종류인 이파리는 일생 동안 평균 4~5개의 알밖에 낳지 않아요. 아프리카의 체체파리도 평생 동안 6개 정도밖에 알을 낳지 않아요.

지구에서 개체 수가 가장 많은 곤충

현재까지 지구에 있는 동물 중에서 개체 수가 가장 많은 것은 곤충이에요. 현재까지 알려진 곤충의 종류는 약 100만 종이나 되어요. 아직 알려지지 않은 곤충까지 생각하면 그 종류는 약 500만 종이 넘을 것이라고 해요. 종류가 이렇게 많으니 그 수도 셀 수 없이 많아요. 놀랍게도 사방 3킬로미터 안에 있는 곤충의 수는 지구에 사는 사람 수보다도 많아요.

슬기로운 생활 2-1 7. 동물과 식물은 내 친구
과학 3-1 3. 동물의 한살이 3-2 2. 동물의 세계

반딧불이는 어떻게 빛을 낼까?

반딧불이는 낮에는 풀숲에 숨어 있다가 밤이 되면 활동하는 곤충이에요. 반딧불이가 빛을 내는 이유는 캄캄한 밤에 쉽게 짝을 찾기 위해서예요.

반딧불이는 애벌레로 1년 정도 살지만 어른 벌레로 사는 기간은 고작 10일 정도밖에 되지 않아요. 10일 정도의 짧은 기간 동안 반딧불이들은 짝짓기를 해서 알을 낳아야 해요.

특이하게도 반딧불이는 수컷만 날개가 있고 암컷은 날개가 없어요. 그래서 수컷은 빛을 내면서 암컷을 찾아 날아다니고, 날지 못하는 암컷은 땅 위에서 빛을 내면서 수컷을 부르는 것이지요.

반딧불이가 몸에서 빛을 낼 수 있는 이유는 몸에 빛을 내는 기관인 발광기를 가지고 있기 때문이에요. 발광기는 3개의 층으로 되어 있어요.

제일 바깥층은 투명한 껍질로 되어 있어요. 투명한 껍질은 전구의 유리처럼 안에서 빛을 내는 세포들을 보호하는 역할을 해요.

안쪽에는 빛을 내는 세포들이 있어요. 빛을 내는 세포에는 루시페린이라는 특수한 물질이 들어 있어요. 이 특수 물질이 숨구멍으로 들어오는 산소와 합쳐지면서 빛을 내는 것이에요.

그리고 가장 안쪽에는 빛을 반사하는 역할을 하는 하얀 세포막이 있어요. 빛을 반사하는 세포막은 반딧불이의 빛이 더 밝게 빛나게 해요.

반딧불이의 불은 다른 불빛과는 달리 만져도 전혀 뜨겁지 않아요. 일반적으로 빛을 내는 것들은 에너지의 대부분을 열을 내는 데 사용해요. 전구도 에너지의 3% 정도만 빛을 내는 데 사용하고 나머지는 열을 내는 데 사용해요. 하지만 반딧불이는 에너지의 대부분을 빛을 내는 데 사용하기 때문에 뜨겁지 않아요.

반딧불이의 빛으로 책을 읽을 수 있을까?

옛날 중국의 차윤이라는 사람은 집안이 하도 가난하여 등을 밝힐 기름을 살 돈이 없었어요. 그래서 여름밤에는 반딧불이를 잡아 그 빛으로 책을 읽었다고 해요. 반딧불이의 빛으로 책을 읽으려면 반딧불이가 몇 마리나 있어야 할까요? 실험 결과 반딧불이 80마리를 모으면 한쪽에 20자가 쓰여진 천자문을 읽을 수 있어요. 그리고 200마리 정도를 모으면 신문을 읽을 수 있답니다.

동물과 식물

슬기로운 생활 2-1 7. 동물과 식물은 내 친구
과학 3-1 3. 동물의 한살이 3-2 2. 동물의 세계

가장 오래 사는 동물은 뭘까?

옛날 우리 조상들은 '해, 산, 물, 돌, 소나무, 달, 불로초, 거북, 학, 사슴'을 오래 사는 십장생(十長生)이라 불렀어요. 그런데 십장생에 속해 있는 동물들은 정말 오래 살까요?

거북은 가장 오래 사는 동물에 속해요. 거북은 보통 100년 넘게 살 수 있지요. 그중에서도 코끼리거북은 약 180년을 사는 것으로 알려져 있어요. 그리고 거북 중에는 200년을 넘게 사는 것도 있어요.

그러나 학이나 사슴은 사람보다 오래 살지 못해요. 사슴의 수명은 보통 30년을 넘지 못해요. 그리고 학의 수명도 보통 40~50년 정도밖에 되지 않아요. 지금까지 기록된 학의 최고 수명은 86년이에요.

그렇다면 지구에서 가장 오래 사는 동물은 뭘까요? 그건 '세라토 포렐라' 라는 해면 동물이라고 해요. 자메이카 해변에서 살고 있는 이 동물은 크기가 1미터 정도이고, 두께는 1밀리미터밖에 되지 않는 얇고 평평한 모양의 동물이에요. 물속 20미터 깊이에 사는데, 약 800년 이상을 사는 것으로 밝혀졌어요. 하지만 자메이카 해변 근처에는 이와 같은 해면 동물이 많이 있어 이보다 오래 산 동물이 있을지도 모른대요.

슬기로운 생활 2-1 7. 동물과 식물은 내 친구
과학 3-1 3. 동물의 한살이 3-2 2. 동물의 세계

거미는 왜 곤충이 아닐까?

흔히 작은 벌레를 곤충이라고 생각하기 쉽지만 벌레가 모두 곤충은 아니에요. 벌레 중에서 일정한 특징을 가지고 있는 것들만 곤충이라고 불러요.

곤충이 되기 위한 조건은 먼저 몸은 '머리, 가슴, 배'의 세 부분으로 나누어져 있어야 해요. 그리고 머리에는 한 쌍의 더듬이와 한 쌍의 겹눈이 있어야 하고, 가슴에는 두 쌍의 날개와 여섯 개의 다리가 있어야 한답니다.

난 곤충이 아냐!

거미는 곤충과 비슷하게 생겼지만 곤충이 아니에요. 거미의 몸은 세 부분으로 나누어지는 것이 아니라 머리·가슴과 배 두 부분으로 나누어져요. 그리고 다리도 여덟 개이고, 날개도 없어요. 또 곤충은 겹눈이 있지만 거미는 그렇지 않아요. 그래서 거미는 곤충이 아니라 전갈이나 진드기와 비슷한 절지 동물이랍니다.

날개는 없지만 개미가 곤충인 이유는 개미는 원래 날개를 가지고 있고, 지금도 여왕개미와 수개미는 날개를 가지고 있기 때문이에요.

난 확실한 곤충!

41 동물과 식물

슬기로운 생활 2-1 7. 동물과 식물은 내 친구
과학 3-1 3. 동물의 한살이 3-2 2. 동물의 세계

벌집은 왜 정육각형일까?

벌집을 자세히 보면 육각형 방이 다닥다닥 붙어 있어요. 벌들이 육각형으로 집을 짓는 데는 과학적인 이유가 있어요. 가장 적은 재료로 가장 넓고 튼튼한 집을 짓기 위해서 벌들은 육각형의 집을 짓는 것이에요.

수학적으로 둘레가 일정할 때 넓이가 가장 넓은 도형은 원이에요. 하지만 원 모양으로 만들었을 때에는 방과 방 사이에 빈틈이 생길 수밖에 없어요. 틈새가 생기지 않게 집을 지을 수 있는 모양은 삼각형, 사각형, 육각형밖에 없어요.

그런데 이중에서 육각형으로 짓는 것이 가장 넓은 공간을 만들 수 있어요. 그리고 육각형으로 지으면 집도 튼튼해요.

물론 가장 튼튼한 집 모양은 삼각형이에요. 하지만 삼각형으로 지으려면 육각형으로 짓는 것보다 재료가 두 배 가까이 들어요.

비슷한 재료로 집을 짓는다고 할 때 사각형은 튼튼하지 못해요. 사각형으로 지은 집은 살짝만 힘을 주어도 찌그러지기 쉽거든요.

과학 3-2 2. 동물의 세계 6-1 4. 생태계와 환경

1급수에는 어떤 물고기가 살고 있을까?

물은 오염 정도에 따라서 1급수에서 4급수 혹은 5급수로 나누어요.

1급수는 가장 깨끗한 물로 사람이 그냥 마셔도 되는 물이에요. 2급수는 목욕을 하거나 수영을 할 수 있는 물로, 약간의 소독만 하면 먹을 수 있는 물이에요. 3급수는 강물이나 저수지의 물로, 탁하지만 냄새는 나지 않아요. 4급수부터는 공업용수로만 사용할 수 있을 정도로 오염된 물이에요.

이러한 물의 등급에 따라 살 수 있는 물고기들이 달라요.

버들치, 열목어, 둑중개, 금강모치, 어름치 등과 같은 물고기들은 1급수의 깨끗한 물에서만 살 수 있어요. 이들은 물이 조금만 오염되어도 죽고 말아요.

2급수에는 다슬기, 피라미, 갈겨니, 찬마자, 돌고기, 쉬리, 꺽지, 퉁가리 등이 살아요.

3급수에는 붕어, 잉어, 뱀장어, 참붕어, 각시붕어, 미꾸라지, 메기 등이 살고 있어요.

4급수는 죽은 물, 혹은 썩은 물로 고약한 냄새가 나요. 실지렁이, 깔다구, 나방파리 등의 동물들은 살 수 있지만, 물고기는 어느 것도 살 수 없어요.

난 깨끗한 물이 좋아.

과학 4-2 2. 지층과 화석

닭보다 작은 공룡이 있을까?

약 2억 3천 년 전부터 6500만 년 전까지 지구에 살던 거대한 동물을 공룡이라고 해요. 지금까지 지구에 살았던 동물 중에서 공룡만큼 큰 동물은 없었어요.

지금까지 알려진 가장 큰 공룡은 사이스모사우루스예요. 사이스모사우루스는 몸길이가 40~50미터, 몸무게는 80톤이 넘을 정도로 어마어마했어요. 난폭하기로 유명한 티라노사우루스도 키가 4~5미터 정도이며, 이빨의 길이도 20센티미터나 되었어요.

하지만 공룡이라고 해서 모두 거대한 몸집을 가지고 있었던 것은 아니에요. 공룡 중에는 아주 작은 공룡도 있었어요.

콤프소그나투스는 다 자라도 몸길이가 60센티미터, 몸무게가 3킬로그램밖에 되지 않아요. 그리고 지금까지 발견된 공룡 중에서 가장 작은 공룡은 사르토푸스(살토푸스)로, 몸길이 약 60센티미터, 몸무게 900그램 정도라고 해요. 이 정도면 닭 크기밖에 되지 않고 몸무게도 닭보다 가벼워요. 이밖에도 몸길이가 1미터도 되지 않는 작은 공룡들이 많았답니다.

동물과 식물

물고기도 전기를 만들 수 있을까?

과학 3-2 2. 동물의 세계 5-1 2. 전기 회로

전기를 만들어 사용할 수 있는 것은 오직 사람뿐이라고요? 그렇지 않아요. 전기 뱀장어, 전기 메기, 전기 가오리 등의 물고기들도 몸에서 전기를 만들 수 있어요.

그중 가장 유명한 것이 전기 뱀장어예요. 아마존 강에 살고 있는 전기 뱀장어는 몸길이가 약 2미터 정도 되는 커다란 물고기예요.

전기 뱀장어는 몸통과 꼬리 부분에 전기를 일으키는 기관이 있어요. 근육이 변해서 생긴 전기를 일으키는 기관에는 전기판이라고 알려진 편편한 세포들이 규칙적으로 늘어서 있어요. 이 전기판에서 전기가 만들어지는 것이에요.

전기 뱀장어가 일으키는 전기는 평균 350볼트 이상의 전압을 가지고 있어요. 어떤 전기 뱀장어는 850볼트 이상의 높은 전압을 내기도 해요. 전기 뱀장어가 내는 전기에 감전되면 말과 같은 커다란 짐승도 기절할 정도예요.

77

45 동물과 식물

과학 3-1 3. 동물의 한살이 3-2 2. 동물의 세계

모든 동물들의 피는 빨간색일까?

피 색깔도 여러 가지이구나.

피는 우리 몸에 필요한 영양분과 산소를 날라 주는 역할을 해요. 몸에서 생긴 노폐물을 몸 밖으로 내보내기도 해요. 뿐만 아니라 몸 구석구석을 돌면서 체온을 유지해 주는 역할도 하지요.

피 안에는 적혈구, 백혈구, 혈소판 등 많은 것이 들어 있어요. 사람의 피의 양은 몸무게의 약 8%를 차지하고 있어요. 몸무게가 60킬로그램인 사람의 몸에는 약 4.5리터의 피가 있어요.

또한 피의 양은 항상 일정하게 유지되어요. 상처가 나서 피를 흘려 피의 양이 줄어들면 몸에서는 다시 피를 만들어 원래 양을 채워요.

피는 보통 빨간색이라고 생각하기 쉬워요. 하지만 원래 피는 빨간색이 아니라고 해요. 공기가 없는 곳에서 피를 보면 약간 흐린 노란색을 띤다고 해요. 그런데 왜 우리가 보는 피는 항상 빨간색일까요?

그 이유는 핏속에 들어 있는 적혈구 때문이에요. 적혈구는 우리 몸에 약 25조 개나 있고, 피 한 방울에도 500만 개나 있어요. 적혈구 안에는

산소를 운반하는 데 필요한 헤모글로빈이라는 것이 있어요.

 헤모글로빈에는 철 성분이 들어 있는데, 이 철 성분이 산소와 만나면 빨간색으로 변해요. 그래서 피가 빨간색으로 보이는 것이지요.

 대부분 동물들의 피는 빨간색이에요. 개나 고양이 같은 포유류 동물들이나 새들은 모두 빨간색 피를 가지고 있어요. 하지만 모든 동물들이 빨간색 피를 가지고 있는 것은 아니랍니다. 곤충들은 대부분 자주색 피를 가지고 있어요.

 피의 색깔은 정해진 것이 아니라 핏속에 어떤 성분이 들어 있느냐에 따라 달라져요. 오징어, 문어, 새우 등은 핏속에 구리 성분이 들어 있어요. 구리 성분은 산소와 만나면 청록색으로 변해요. 그래서 오징어나 문어의 피는 청록색이에요. 갯지렁이의 피는 녹색이랍니다.

동물과 식물

슬기로운 생활 2-1 7. 동물과 식물은 내 친구
과학 3-1 3. 동물의 한살이 3-2 2. 동물의 세계

철새들은 어떻게 같은 곳으로 돌아올까?

아직 멀었냐?

계절에 따라서 사는 곳을 옮겨 다니는 새들을 철새라고 해요. 우리나라에서 겨울을 보내는 겨울 철새는 고니, 기러기, 두루미, 콩새, 논병아리, 쑥새 등 112종류가 있어요. 그리고 우리나라에서 여름을 보내는 여름 철새는 뻐꾸기, 두견이, 꾀꼬리, 제비 등 64종류가 있어요.

철새들이 계절에 따라서 이동을 하는 이유는 먹이를 얻고 새끼를 기르기 위해서예요.

제비를 예로 들면 남쪽에는 새들이 많아 새끼를 키우기에는 먹이가 충분치 않아요. 그래서 봄이면 북쪽으로 날아오는 것이에요. 봄과 여름에는 북쪽에도 제비의 먹이가 되는 벌레들이 많으니까요.

그런데 날씨가 추워지면 벌레들이 줄어들어요. 그래서 가을이 되면 먹이가 많은 따듯한 남쪽으로 날아가는 것이에요.

철새들은 보통 수천 킬로미터나 되는 먼 거리를 이동해요. 철새들은 이렇게 먼 곳으로 날아가지만 다음 해에는 똑같은 곳으로 돌아와요.

철새들은 어떻게 자신이 있던 곳으로 돌아올까요?

아래 보이는 것들을 잘 기억해 둬.

철새들은 이동할 때 아무렇게나 이동하는 것이 아니에요. 새들은 낮에는 태양의 위치를 보고, 밤에는 별자리의 위치를 보면서 이동해요. 그리고 바람의 방향이나 강이나 산의 모양, 해안선 등을 기억해 두어요. 새들은 이런 자연을 이용해서 방향을 알고, 자신이 가야 할 목적지를 찾아가는 것이지요.

철새들은 왜 이동할 때 V자를 그리며 날까?

기러기와 같은 철새들은 무리를 지어 이동하는데 V자 모양으로 나는 경우가 많아요. 그 이유는 최대한 힘을 줄이고 빨리 날기 위해서예요.

앞에 나는 새가 날갯짓을 할 때 바람을 일으키는데, 뒤에 있는 새들은 이 바람을 타면서 적은 힘으로 쉽게 날 수 있어요. 그래서 자연스럽게 V자 모양으로 늘어서서 나는 것이에요.

그리고 재미있는 것은 맨 앞에서 날던 새가 지치면 대열 맨 끝으로 가고, 다른 새가 재빠르게 맨 앞으로 나선다는 것이에요. 이렇게 무리를 지어서 날면 혼자 나는 것보다 70% 정도까지 빨리 날 수 있어요.

47 동물과 식물

과학 4-1 3. 식물의 한살이. 4-2 1. 식물의 세계 5-1 3. 식물의 구조와 기능

가을이면 단풍이 드는 이유는 뭘까?

나뭇잎 안에는 여러 가지 색깔을 내는 색소가 있어요. 그러니까 나뭇잎은 한 가지가 아니라 여러 가지 색을 가지고 있는 것이지요.

그런데도 여름에는 나뭇잎들이 모두 녹색이에요. 그 이유는 나뭇잎 안에 있는 엽록소 때문이에요. 엽록소는 녹색을 내는 색소로, 나무가 자라기 위해서 꼭 필요해요. 엽록소는 햇빛을 받아 나무가 자라고 열매를 맺는 데 필요한 영양분을 만들어내요.

나무가 왕성하게 자라는 봄과 여름에는 나뭇잎에 많은 엽록소가 필요해요. 그래서 다른 색깔은 눈에 띄지 않는 것이지요.

그런데 가을이 되면 나무는 자라는 것을 멈추고 겨울을 날 준비를 시작해요. 낮의 길이가 짧아지고 기온도 내려가 더 이상 양분을 만들 필요가 없어진 엽록소는 점차 사라지게 된답니다. 엽록소가 사라지면서 그동안 보이지 않던 다른 색소들이 모습을 드러내요. 그래서 가을이 되면 나뭇잎에 노랗고 빨간 단풍이 드는 것이에요. 또한 시간이 지나면 잎이 떨어져요. 넓은 잎을 가지고 있으면 나무들이 추운 겨울을 나는 것이 힘들기 때문이지요.

그런데 잎이 넓은 나무 중에서 겨울에도 녹색 잎이 붙어 있는 것들이 있어요. 사철나무가 대표적이지요. 이 나무들은 잎이 두껍고 질겨 추운 겨울을 무사히 지낼 수 있기 때문에 낙엽을 만들지 않아요.

우리나라에 단풍이 드는 시기

우리나라의 단풍은 9월 하순쯤에 설악산과 오대산 정상에서 시작되어요. 정상에서 시작한 단풍은 하루에 약 40킬로미터씩 산 아래쪽으로 내려오고, 남쪽으로 약 25킬로미터씩 내려가요. 그래서 11월이 되면 전국의 산들이 단풍으로 물들게 되지요. 단풍은 서서히 기온이 낮아질 때 아름답게 물들어요. 기온이 너무 급격하게 떨어지면 단풍이 곱게 물들지 않는답니다.

43 동물과 식물

슬기로운 생활 2-1 7. 동물과 식물은 내 친구
과학 3-1 3. 동물의 한살이 3-2 2. 동물의 세계

왜 새끼비둘기는 보이지 않을까?

이젠 엄마보다 더 커졌구 나.

엄마, 배고파.

비둘기들을 가만히 살펴보면 이상한 점이 있어요. 그건 새끼비둘기가 보이지 않는다는 것이에요. 왜 새끼비둘기들은 보이지 않는 것일까요?

비둘기는 주로 절벽이나 계곡 등 가파른 곳에 둥지를 틀어요. 도시에 사는 비둘기들은 다리 기둥이나 빌딩의 턱같이 높은 곳에다 둥지를 틀기 때문에 비둘기 둥지를 쉽게 들여다볼 수 없어요.

그리고 비둘기는 매우 빨리 자라는 새예요. 새끼비둘기는 엄청나게 많은 양의 먹이를 먹어요. 많이 먹는 만큼 자라는 속도도 빠르지요. 새끼비둘기가 둥지 밖으로 나올 때쯤이면 벌써 어른 비둘기만큼 몸집이 커져 있어요.

그렇다고 새끼비둘기와 어른 비둘기가 똑같은 것은 아니에요. 새끼비둘기와 어른 비둘기의 가장 큰 차이점은 바로 깃털의 빛깔이에요. 새끼비둘기는 어른 비둘기에 비해서 깃털의 빛깔이 선명하지 않답니다.

과학 3-1 4. 날씨와 우리 생활 6-1 3. 계절의 변화 6-2 1. 날씨의 변화

태풍은 왜 여름에만 나타날까?

우리나라는 해마다 여름이면 몇 개의 태풍이 지나가요. 태풍은 강한 바람과 함께 많은 비를 가지고 있어요.

태풍은 대부분 적도 지방 근처에 있는 바다에서 생겨나요. 적도 근처에는 강한 햇빛이 내리쬐고 온도가 높아요. 그래서 바다에서는 하루에도 수십 톤의 물이 증발해서 공기 중으로 올라가지요.

더워진 공기와 수증기가 위로 올라가면서 주변에 있는 공기를 빨아들여요. 그리고 빨려들어온 공기는 금방 뜨거워져 위로 올라가지요. 이런 과정을 거치면서 비구름과 함께 거대한 바람이 만들어지는 것이에요. 이것이 바로 태풍이에요.

한번 만들어진 태풍은 점점 커져요. 뜨거운 바다에서 계속해서 수증기와 뜨거운 공기가 올라오기 때문이지요. 태풍이 커질수록 소용돌이치는 바람은 빨라지고, 바람이 부는 범위도 넓어져요.

결과적으로 태풍이 만들어지기 위해서는 높은 온도와 바다에서 증발하는 많은 양의 수증기가 필요해요. 이 때문에 태풍은 주로 여름에 나타나는 것이에요.

여름에는 수증기의 양이 많잖아요.

과학 5-2 2. 용해와 용액 6-1 2. 산과 염기 4. 생태계와 환경

산성비란 무엇일까?

산성비란 일반적인 비보다 산성이 강한 비를 말해요.

산성이 강한 비가 만들어지는 이유는 공기 오염 때문이에요. 자동차 매연이나 공장의 연기에서 나오는 이산화황, 질산 등과 같은 오염 물질들은 공기를 오염시키는 대표적인 것들이에요. 이런 오염 물질이 비에 녹아 내리는 것이 바로 산성비이지요.

이산화황이나 질산 등은 공기 중에 떠 있을 때보다 물에 녹았을 때 독성이 더 강해져요. 그래서 산성비로 인한 피해는 아주 심각하답니다.

산성비는 식물의 나뭇잎이나 뿌리에 들어가 영양분을 파괴해 땅의 식물들이 잘 자랄 수 없게 만들어요. 그 때문에 산림이 황폐화되고, 농작물의 수확이 줄어들게 되지요.

산성비는 호수나 강에도 피해를 주어 물고기들이나 조개들을 죽게 만듭니다.

뿐만 아니라 건물을 부식시켜 수명을 단축시키고, 탑이나 조각 등의 문화재를 훼손하는 등 생활 환경에도 많은 피해를 준답니다.

모두모두 노력해서 깨끗한 환경을 지켜 주세요. 부탁해요~.

과학 3-1 4. 날씨와 우리 생활 6-1 4. 생태계와 환경

남극과 북극 중 어디가 더 추울까?

남극이 살기 좋아.

남극에 가까운 지역을 남극 지방이라고 하고, 북극에 가까운 지역을 북극 지방이라고 해요. 남극 지방과 북극 지방은 비슷하다고 생각하지만 다른 점이 아주 많아요.

남극 지방은 '남극 대륙'이라고 말하듯 육지가 대부분을 차지하고 있어요. 남극 대륙은 미국의 2배에 가까운 커다란 땅덩어리 위에 수천 미터의 두꺼운 얼음으로 뒤덮여 있어요.

그에 반해 북극 지방은 바다가 중심이고, 바다 위에 얼음산이 둥둥 떠 있어요.

남극 지방과 북극 지방은 지구에서 가장 추운 곳이에요. 그중에서도 남극 지방이 북극 지방보다 더 춥답니다. 북극 지방의 겨울철 평균 온도는 영하 30~50도이고, 남극 지방의 겨울철 평균 온도는 영하 30~70도예요.

북극 지방은 여름이 되면 작은 풀들이 자랄 수 있어요. 그래서 순록, 사향소, 북극곰 등의 다양한 동물들이 살고 있지요. 그러나 남극에는 여름에도 자라는 식물이 거의 없고, 동물도 펭귄 정도만 살고 있답니다.

난 북극이 더 좋아.

과학 3-2 4. 빛과 그림자 6-1 1. 빛

하늘은 왜 파랗게 보일까?

　우리 눈에 보이는 색은 빛 때문에 만들어지는 것이에요. 빛 속에 있는 일곱 가지 색(빨강, 주황, 노랑, 초록, 파랑, 남색, 보라)은 물체에 부딪치면서 어떤 색은 흡수되고 어떤 색은 반사되어요. 우리가 보는 물체의 색은 반사되는 빛의 색깔이에요.

　하늘이 파랗게 보이는 이유도 비슷한 원리예요. 하늘은 산소, 질소 등과 같은 여러 가지 기체로 이루어져 있어요. 햇빛은 이 공기를 통과해야만 우리에게로 올 수 있어요.

　햇빛은 공기를 지나면서 공기와 부딪치게 된답니다. 일곱 가지 빛이 공기에 부딪쳐 꺾이는 정도는 각각 달라요. 빨강, 주황, 노랑, 초록, 파랑, 남색, 보라 순으로, 빨강은 거의 공기에 부딪치지 않고 보라색 쪽으로 갈수록 많이 부딪치는 것이지요. 그래서 빨강, 주황, 노랑, 초록 등은 공기와 별로 부딪치지 않고 그냥 내려와요. 하지만 파란색이나 남색, 보라는 그렇지 못해요. 파랑, 남색, 보라는 공기들과 부딪쳐 이곳저곳으로 꺾이면서 흩어져요.

　빛이 공기와 부딪쳐 이곳저곳으로 꺾이고 흩어지는 것은 반사되는 것과 같아요. 우리 눈에는 공기에 반사되는 파랑이나 보라가 하늘의 색으로 보이는 것이지요.

그런데 왜 하늘은 보라색이나 남색으로 보이지 않고 파랗게 보일까요? 보라색이나 남색은 파란색보다 훨씬 잘 반사되어요. 그래서 공기 중으로 들어오자마자 이곳저곳으로 흩어져 우리 눈에는 보이지 않아요.

그러나 하늘로 더 높이 올라가면 하늘은 남색이나 보라색으로 보일 거예요. 남색이나 보라색에 비해 파란색은 우리 눈 가까이에서 흩어지기 때문에 하늘이 파란색으로 보이는 것이랍니다.

지구와 환경

과학 3-1 4. 날씨와 우리 생활 4-2 3. 열 전달과 우리 생활
6-2 2. 여러 가지 기체

공기가 **없다**면 어떻게 될까?

공기는 지구를 둘러싸고 있는 기체를 말해요. 공기는 모든 생물이 살아가는 데 없어서는 안 될 중요한 역할을 해요.

그런데 만약 갑자기 지구의 공기가 없어져 버린다면 어떻게 될까요?

공기가 없으면 생물들은 숨을 쉴 수 없어요. 공기가 없는 달에 생물이 살 수 없는 것처럼 지구의 모든 생물도 죽게 될 거예요. 이뿐 아니라 공기가 없다면 이보다 훨씬 더 끔찍하고 놀라운 일들이 일어난답니다.

지구를 둘러싸고 있는 공기는 지구를 보호하는 역할을 해요. 공기가 없으면 지구는 아무런 보호를 받지 못해요. 태양빛도 지구에 직접 내리쬐게 될 거예요. 태양 광선에는 자외선처럼 사람이나 동물들에게 해로운 것들이 있어요. 이것을 막아 주는 것이 바로 공기예요.

그리고 공기가 없다면 우주의 먼지 등이 지구로 날아들 거예요. 자외선이나 우주의 먼지 등으로 생물이 살 수 없게 되는 것이지요.

공기가 없으면 소리를 듣지도 못하고, 냄새를 맡을 수도 없어요. 소리나 냄새는 모두 공기를 통해서 전달되는 것이에요. 그리고 불을 피울 수도 없게 돼요. 불이 타오르기 위해서는 산소가 꼭 필요하니까요.

또한 공기가 없어지면 바람이 불지 않고, 구름이 만들어지지 않으니 비나 눈도 내릴 수 없어요. 바람, 구름, 비 등은 모두 공기가 있기 때문에 생기는 것이에요.

결과적으로, 공기가 없으면 지구에 생물이 살 수 없고, 날씨 등 우리 생활의 일반적인 현상도 모두 사라지게 된답니다.

지구와 환경

과학 4-1 1. 무게 재기 5-1 1. 지구와 달

중력이 없다면 어떻게 될까?

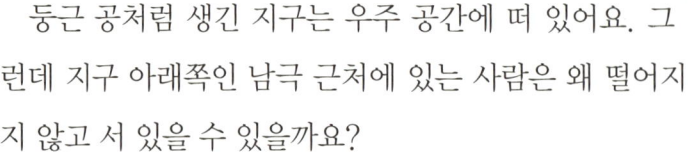

　둥근 공처럼 생긴 지구는 우주 공간에 떠 있어요. 그런데 지구 아래쪽인 남극 근처에 있는 사람은 왜 떨어지지 않고 서 있을 수 있을까요?

　지구는 하루에 한 번씩 스스로 돌아요. 지구가 도는 속도는 우리가 상상하는 것보다 훨씬 빠르답니다. 엄청나게 빠른 비행기로도 지구를 하루에 한 바퀴 돌기는 힘들어요. 그러니까 지구는 비행기보다 엄청 빠른 속도로 돌고 있는 것이지요.

　우리는 빨리 도는 지구 위에서 어떻게 살 수 있고, 지구가 빠르게 움직이고 있는 것을 왜 느끼지 못할까요?

　그건 중력 때문이에요. 중력은 지구에 있는 물체를 지구 중심으로 끌어당기는 힘이에요. 지구가 우리를 강하게 끌어당기고 있기 때문에 우리는 지구와 함께 돌게 되고, 그 때문에 지구가 움직이는 것을 모르는 것이에요.

　중력은 사람뿐만 아니라 지구에 있는 모든 것을 끌어당겨요. 지구의 공기가 우주로 흩어지지 않고 머물러 있는 것도 중력 때문이에요. 중력이 없어지면 공기도 우주로 흩어져 버릴 거예요. 우리가 공기를 마시면서 숨을 쉴 수 있는 것도 중력 때문이지요.

　만약 중력이 없다면 우리는 빠르게 움직이는 지구에 붙어 있지 못하고 떨어지고 말 거예요. 지구에 있는 물도, 흙도, 돌멩이도 모두 날아가 버리고 지구에는 아무것도 남지 않을 거예요.

지구와 환경

과학 3-1 4. 날씨와 우리 생활 6-1 3. 계절의 변화 6-2 1. 날씨의 변화

왜 겨울보다 여름에 낮이 길까?

낮과 밤이 생기는 이유는 지구가 움직이기 때문이에요. 지구는 하루에 한 바퀴씩 스스로 돌아요. 이것을 지구의 자전이라고 해요.

지구의 한쪽에 햇빛이 비치면 다른 한쪽은 햇빛이 비치지 않아요. 햇빛이 비치는 쪽은 낮이고, 햇빛이 비치지 않는 쪽은 밤이에요. 지구는 하루에 한 바퀴씩 돌기 때문에 하루에 한 번씩 낮과 밤이 생기는 거예요.

지금은 한낮.

지금은 저녁.

지금은 밤.

그런데 여름에는 밤보다 낮이 훨씬 길고, 겨울에는 낮보다 밤이 더 길어요. 이렇듯 계절에 따라서 낮과 밤의 길이가 달라지는 이유는 뭘까요?

계절에 따라 지구가 자전하는 속도가 달라서 그럴까요?

지구가 자전하는 속도는 언제나 일정해요. 계절에 따라서 낮과 밤의 길이가 달라지는 이유는 지구의 자전축이 기울어져 있기 때문이에요.

지구는 똑바로 서 있는 것이 아니라 약 23.5도 정도 기울어져 있어요. 지구는 1년에 한 번씩 태양의 둘레를 돌아요. 이것을 지구의 공전이라고 해요. 지구가 기울어진 상태에서 태양의 둘레를 돌기 때문에 계절에 따라 낮과 밤의 길이 차가 생겨나는 것이에요.

그림에서 보면 북쪽이 태양에 가까울 때에 우리나라는 여름이 되고, 남쪽이 가까울 때에는 겨울이 되어요. 지구는 하루에 한 번씩 자전하지만 태양에 가까운 여름에는 태양이 빛을 비추는 시간이 더 많아요.

그리고 태양과 멀어지는 겨울에는 태양이 빛을 비추는 시간이 줄어든답니다. 그래서 계절에 따라 낮과 밤의 길이가 달라지는 거예요.

지구가 태양의 둘레를 도는 것을 공전이라고 해요.

 우리 몸과 건강

과학 3-1 4. 날씨와 우리 생활 6-1 3. 계절의 변화 6-2 1. 날씨의 변화

봄, 여름, 가을, 겨울은 어떻게 생길까?

우리나라는 봄, 여름, 가을, 겨울의 네 계절이 있어요. 계절이 변하는 이유는 각 시기마다 햇빛을 받는 양이 달라지기 때문이에요.

지구가 기울어진 채로 공전하기 때문에 계절이 생기는 것이에요. 지구가 기울어져 있기 때문에 우리가 사는 북반구는 태양 쪽을 향할 때도 있고 태양과 멀어질 때도 있어요.

우리가 사는 지구의 북반구가 태양 쪽을 향할 때 우리나라는 여름이 돼요. 반대로 태양과 멀어져 있을 때에는 겨울이 되는 것이지요. 그리고 그 사이에 봄과 가을이 있어요.

단지 태양과 가까이 있기 때문에 여름이 되고, 멀리 있기 때문에 겨울이 되냐고요? 그런 이유도 있겠지만, 그보다는 지구가 공전하는 위치에 따라 태양의 고도가 달라지고, 이로 인해 지역별로 태양열을 받는 양이 달라지기 때문에 계절이 생기는 거예요. 그래서 태양의 위치가 가장 높을 때가 하지점으로 우리나라는 여름이 되고, 태양의 위치가 가장 낮은 동지점은 겨울이 되는 것이지요.

이것은 손전등 실험으로도 쉽게 알 수 있어요. 손전등을 90도로 비추면 상당히 좁은 부분만 밝게 빛이 비치지요.

하지만 손전등을 옆으로 기울이면 기울일수록 넓은 부분에 비치면서 빛은 흐려지지요. 빛이 비치는 범위가 넓어질수록 한 곳에 들어오는 빛

의 양은 줄어드는 것이에요.

태양빛도 마찬가지예요. 태양이 높게 뜨면 한 곳에 집중적으로 햇빛이 들어오기 때문에 더워지는 것이지요. 그리고 북반구가 태양 쪽으로 향할 때에는 낮의 길이도 길어져 그만큼 햇빛을 받는 시간도 길어져요.

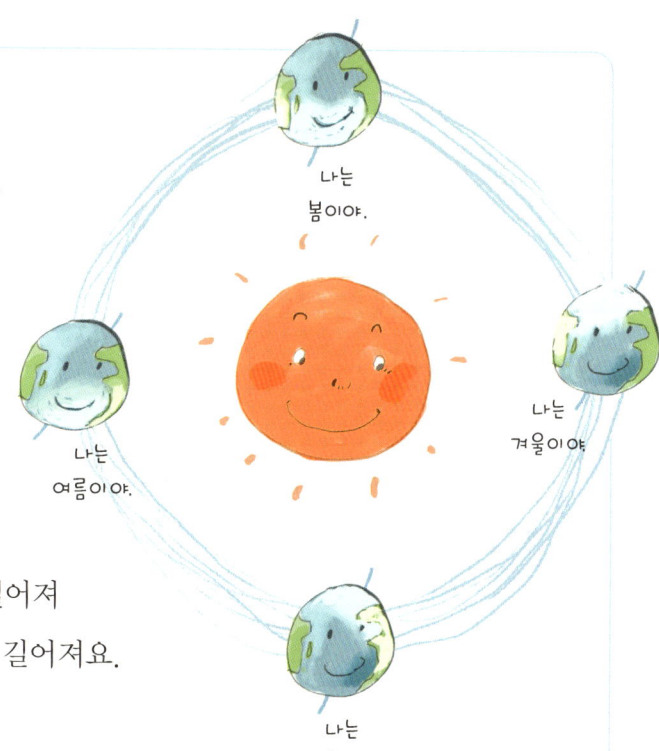

오스트레일리아에서는 한여름이 크리스마스

지구의 북반구가 태양에 가까이 있으면 남반구는 태양에 멀리 떨어져 있을 수밖에 없어요. 그래서 남반구와 북반구의 계절은 반대랍니다. 북반구가 태양빛을 많이 받는 여름일 때 남반구는 태양빛을 적게 받기 때문에 겨울이 되어요. 그래서 남반구에 있는 오스트레일리아에서는 크리스마스가 한여름이랍니다.

57 지구와 환경

과학 3-1 4. 날씨와 우리 생활 6-2 1. 날씨의 변화

바람은 왜 부는 걸까?

바람은 어느 곳에서 만들어져서 어디로 사라지는 것이 아니에요. 바람은 공기가 움직이는 것이에요. 지구의 공기는 가만히 있는 것이 아니에요. 공기는 온도 변화나 지구의 자전 등의 영향을 받아 끊임없이 움직여요. 이런 공기의 움직임이 바로 바람인 것이지요.

흔히 '바람이 분다'라고 말하지만 바람은 어느 누구도 볼 수 없어요. 공기를 눈으로 볼 수 없듯이, 공기의 움직임인 바람도 눈에 보이지 않기 때문이지요.

우리가 보는 것은 바람에 나뭇잎이 흔들리거나 운동장에 먼지가 일어나는 거예요. 그것은 바람이 아니라 바람이 일으키는 현상에 불과한 것이지요. 그리고 바람이 불지 않는다고 느끼는 날에도 바람은 계속 불고 있어요. 공기는 끊임없이 움직이기 때문이지요.

공기가 움직이는 가장 큰 이유는 온도 때문이에요. 태양열을 받은 땅은 점점 뜨거워지는데 이때 공기도 함께 뜨거워진답니다. 뜨거워진 공기는 가벼워져 위로 올라가요. 그러면 그 빈자리로 차가운 공기가 흘러들어와요.

한편 뜨거워진 공기는 위로 올라가면서 점차 식어서 무거워져요. 그래서 다시 아래로 내려오지요. 이처럼 공기는 따듯해지면 위로 올라가고 차가워지면 밑으로 내려오면서 빙글빙글 돌아요. 이런 공기의 움직

임으로 바람이 생기는 것이에요.

　한여름에 바닷가에 가면 바다에서 시원한 바람이 불어오는 것도 이런 이유 때문이에요. 여름에 태양열을 받으면 바다보다 육지가 더 많이 뜨거워져요. 그래서 육지 쪽에 있는 공기가 위로 올라가고, 그 빈자리에는 바다 쪽에 있던 찬 공기가 빠르게 흘러들어와요.

　겨울철에는 반대예요. 육지는 빨리 뜨거워지는 만큼 빨리 차가워져요. 그래서 겨울에는 육지보다 바다의 온도가 더 높아요. 바다 쪽의 온도가 더 높으니 이번에는 육지 쪽에서 바다 쪽으로 바람이 불게 되는 것이지요.

과학 3-1 4. 날씨와 우리 생활 4-1 4. 모습을 바꾸는 물 6-2 1. 날씨의 변화

비나 눈은 어떻게 만들어질까?

물은 가만히 있는 것이 아니라 땅에서 하늘로, 하늘에서 다시 땅으로 끊임없이 순환해요. 비나 눈은 이러한 물의 순환 때문에 만들어지는 것이에요.

바다나 땅 위에 있는 물은 태양열을 받으면 수증기로 변해요. 수증기는 가볍기 때문에 공기 중으로 날아 올라가요. 공기 중으로 올라간 수증기는 다시 차가워져 작은 물방울로 변해요. 작은 물방울들이 하늘에 떠 있는 것이 바로 구름이에요.

구름이 된 물방울들은 처음에는 무척 가볍기 때문에 공중에 떠 있을 수 있어요. 작은 물방울들은 하나둘씩 모여 점점 큰 물방울이 되어요. 그러다가 공중에 떠 있을 수 없을 정도로 무거운 물방울이 되면 다시 땅으로 떨어져요. 이렇게 떨어지는 물방울이 바로 비랍니다.

눈도 비와 같이 구름 속의 수증기가 뭉쳐져서 만들어져요. 눈은 수증기가 작은 얼음 덩어리로 뭉쳐져서 만들어져요. 온도가 낮으면 구름 속의 작은 물방울들이 얼어서 작은 얼음 알갱이가 되어요. 얼음 알갱이들이 모여서 육각형의 복잡한 모양을 만들어요. 그리고 그것들이 땅으로 떨어져 눈이 되지요.

과학 5-1 1. 지구와 달 5-2 3. 물체의 속력

지구가 도는 속도는 얼마나 빠를까?

지구는 엄청나게 빠른 속도로 움직이고 있어요.

지구는 하루에 한 번씩 한 바퀴를 도는 자전을 해요. 지구의 둘레는 적도 지방을 기준으로 했을 때 약 4만 68킬로미터예요. 이 거리를 약 24시간(23시간 56분) 동안 한 바퀴 도는 것이에요. 그러기 위해서 지구는 시속 1,669킬로미터로 움직여야 해요. 1초에 약 450미터를 움직이는 것이지요. 소리는 1초에 약 340미터 정도를 갈 수 있으니까 지구는 소리보다 빠르게 움직이고 있는 것이지요.

더 놀라운 것은 지구가 태양의 둘레를 도는 속도예요. 지구는 태양에서 약 1억 5000만 킬로미터 떨어져 있는 태양을 약 1년에 한 번씩 돌고 있어요.

지구는 1년에 한 번씩 태양의 둘레를 돌기 위해서 시속 107,160킬로미터로 움직이고 있어요. 1초에 약 30킬로미터를 움직이는 것이지요.

나는 1초에 450미터를 돌아요.

과학 3-2 3. 혼합물의 분리 5-2 2. 용해와 용액

바닷물은 왜 짤까?

바닷물이 짠 이유는 아직 확실히 밝혀지지 않았어요. 과학자들은 바닷물이 짠 이유를 두 가지 정도로 추측하고 있어요.

먼저, 처음에는 짜지 않았는데 점차 소금기가 섞여 들어오면서 짜졌다는 설명이에요. 이런 주장을 하는 사람들은 최초의 지구는 활활 타오르는 불덩어리 같았다고 해요.

불덩어리 같던 지구가 식으면서 엄청난 양의 구름이 만들어졌고, 아주 많은 비가 오랫동안 내렸어요.

빗물은 지대가 낮은 곳에 고여 바다가 되었어요. 그래서 처음에 만들어진 바다는 짜지 않았어요.

그런데 빗물이 땅에서 바다로 모이는 동안 땅에 있던 소금기가 바다로 흘러들어가게 되었어요. 오랫동안 계속해서 소금기가 바다로 흘러가 바다가 짜졌다는 설명이에요.

두 번째 주장은 바닷물은 처음부터 짰다는 것이에요. 이런 주장을 하는 사람들은 바다가 생겨난 이유가 커다란 폭발 때문이라고 해요. 먼 옛날 지구에는 큰 폭발이 있었어요. 이때, 땅속 깊은 곳에 있던 것들이 밖으로 터져 나오면서 소금기도 밖으로 나온 것이지요. 그리고 폭발이 멈추고 큰 비가 내렸는데 이 비에 소금기가 섞여 있었어요. 그러니 빗물이 모여 만들어진 바다는 처음부터 짰다는 것이지요.

바다마다 소금기의 양이 다르다?

태평양, 대서양, 인도양 등 여러 바다에 들어 있는 소금기의 양은 조금씩 다르답니다. 세계 전체 바다의 평균 소금기는 약 3.472%예요. 가장 소금기가 많은 바다는 대서양으로 약 3.490%이고, 태평양은 3.462%예요. 그리고 북극해와 남극해에는 소금기가 가장 적어요.

그런데 바다 중에서 비정상적으로 소금기가 많은 곳이 있어요. 홍해와 페르시아만 일부의 바다는 소금기의 양이 4.2%가 넘어요.

아라비아 반도에 있는 사해는 놀랍게도 30%가 넘는 소금기를 가지고 있어요. 이렇게 소금기가 많다 보니 생물이 거의 살 수 없어요. 죽은 바다라는 뜻의 사해(死海)라는 이름도 이 때문에 붙여진 것이에요. 하지만 사해는 바다가 아니라 호수랍니다.

지구와 환경

과학 4-1 4. 모습을 바꾸는 물 6-1 4. 생태계와 환경

마실 수 있는 물은 얼마나 될까?

사람뿐만 아니라 모든 생물은 물이 없으면 살 수 없어요. 음식을 전혀 안 먹어도 몇십 일은 살 수 있지만 물을 마시지 않으면 일주일도 못 산답니다. 물은 그만큼 우리에게 없어서는 안 될 소중한 것이에요.

지구에는 많은 물이 있지만 실제로 마실 수 있는 물은 얼마 되지 않아요. 지구에 있는 물 중 고작 0.009% 정도가 마실 수 있는 물이에요.

지구에 있는 물 중 97%가 바닷물이고 2% 정도는 남극이나 북극에 있는 얼음과 눈이에요. 그 나머지 1%의 대부분도 우리가 마실 수 없는 더러운 물이나 오염된 물, 혹은 빗물이나 하수예요. 그러니까 마실 수 있는 물은 극히 일부이지요.

그런데 갈수록 세계에는 물이 부족해지고 있어요. 내리는 비의 양은 일정한데 갈수록 인구가 늘어나 물 사용량이 늘어나기 때문이에요.

그러나 그보다 더 큰 이유는 환경오염이에요. 물이 오염될수록 마실 수 있는 깨끗한 물이 줄어들기 때문이지요. 옛날에는 한강의 물을 그냥 마실 수 있었지만 지금의 한강은 심각하게 더러워졌어요.

그리고 환경오염 때문에 기상 이변이 생겨 내리는 비의 양도 일정하지 않아요. 비가 내릴 때에는 집중적으로 내리고 비가 오지 않을 때에는 전혀 내리지 않기도 해요.

지금 세계 많은 나라들이 물이 부족해서 큰 불편을 겪고 있어요.

우리나라는 물이 부족한 나라일까?

우리나라도 봄이나 겨울에 비가 내리지 않아 가뭄의 피해를 입기도 해요. 그럼 우리나라가 물이 부족한 나라일까요? 우리나라는 1년에 비나 눈이 1,200mm 이상 내려요. 세계 평균 강수량 970mm보다 훨씬 많은 양으로, 충분히 많은 양의 비가 내리는 것이에요.

하지만 우리나라는 비가 대부분 여름철에 집중적으로 오고 다른 계절에는 비가 적게 와요. 이 때문에 여름에는 홍수의 피해를 입고, 봄이나 겨울에는 가뭄의 피해를 입는 것이지요.

 지구와 환경

과학 4-2 2. 지층과 화석 6-2 3. 에너지와 도구

석탄과 석유는 어떻게 만들어졌을까?

석탄, 석유 등의 화석 연료는 현재 지구상에서 사용되는 에너지의 90% 이상을 차지하고 있어요. 전기를 만드는 발전소의 대부분은 석유나 석탄을 이용한 화력 발전소이고, 자동차를 비롯한 교통 수단도 대부분 석유를 이용해요.

석유와 석탄이 없어진다면 거의 모든 공장과 자동차는 멈춰 버릴 것이고, 전기도 마음대로 쓰지 못할 거예요.

〈석유의 생성 과정〉

동물의 사체가 바다 밑으로 가라앉는다.

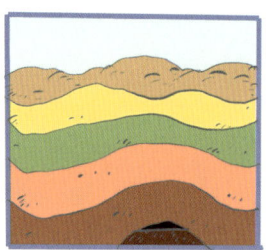

오랜 시간 동안 지층에 열과 압력을 받는다.

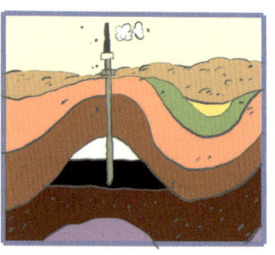

생성된 석유가 유전을 통하여 나온다.

〈석탄의 생성 과정〉

식물이 물속에 가라앉는다.

식물이 흙과 모래에 묻힌다.

그 위에 흙과 모래가 쌓임에 따라 높은 압력과 열을 받는다.

또한 우리가 먹고 입는 것도 석유를 이용한 것들이 많아요. 농산물을 재배하는데 쓰이는 비료, 농약, 비닐 하우스의 비닐 등도 석유를 이용한 것들이에요. 나일론, 폴리에스테르 같은 옷감도 석유를 이용한 것이고요.

이밖에 생활에서 널리 사용되는 플라스틱, 합성 세제 등도 모두 석유를 원료로 만든 것들이에요. 우리 생활 대부분을 석유와 석탄에 의존해 사는 셈이지요.

그럼 석유와 석탄은 어떻게 만들어졌을까요?

석유가 어떻게 만들어졌는지 확실히 밝혀지지는 않았지만 여러 가지 주장들이 있어요. 그중 가장 설득력이 있는 주장은 수백만 년 전에 살았던 동물이나 식물이 땅속에 묻혀서 만들어졌다는 것이에요.

오래 전에 살았던 생물들이 땅속에 묻힌 뒤 열과 압력을 받아 서서히 변하는 과정에서 탄소와 수소만 남으면 석유가 되고, 주로 탄소만 남은 것은 석탄이 되었다는 것이에요. 그래서 석유와 석탄을 화석 연료라고 한답니다.

석유가 바닥나고 있다

석유의 사용량은 계속 늘어나고 있어요. 그러나 땅속에 묻혀 있는 석유는 언제까지나 계속 쓸 수 있는 것은 아니에요. 연구에 따르면 석유는 앞으로 40~50년 후면 바닥날 수도 있다고 해요. 그래서 많은 나라들이 석유나 석탄을 대신할 수 있는 에너지 개발을 서두르고 있답니다.

지구와 환경

슬기로운 생활 1-1 5. 자연과 함께 해요 과학 6-1 4. 생태계와 환경

세계 환경오염은 얼마나 심각할까?

환경을 파괴하는 것은 사람들이에요. 자연에 사는 어떤 동물도 환경을 파괴하지 않아요. 사람의 수가 많아지고 산업이 발달하면서 환경은 심각하게 파괴되고 있어요.

세계 인구는 끊임없이 늘어나고 있어요. 1850년에는 약 10억 명 정도였지만 1960에는 30억 명, 1990년에는 50억 명, 2000년에는 60억 명, 현재에는 70억 명 가까이 되었어요.

인구가 늘어나면서 필요한 물자나 쓰고 버리는 오염 물질이 많아질 수밖에 없어요. 그래서 환경오염은 갈수록 심각해지고 있는 것이에요.

환경을 보호하려는 전 세계적인 노력이 없으면 머지않아 지구는 사람이 살 수 없는 곳이 될지도 몰라요.

환경을 파괴시키는 가장 큰 원인은 석탄과 석유와 같은 화석 연료들이에요. 석탄과 석유가 탈 때 나오는 연기는 공기 중의 이산화탄소 양을 늘려 지구의 온도를 높이고 있어요.

이로 인해 남극과 북극의 얼음이 녹아 바닷물의 높이가 올라가고 있어요. 이대로 가면 2030년에는 바닷물의 높이가 1미터 이상 올라갈지도 몰라요. 그러면 지대가 낮은 나라는 바닷속에 잠기게 될 거예요.

화석 연료가 탈 때 나오는 연기는 생태계를 파괴시키는 산성비를 내리게 해요. 또한 햇빛의 해로운 성분을 막아 주는 오존층도 파괴하고

있어요. 오존층이 파괴되면 농작물이나 바다의 식물들도 자랄 수 없어요. 그리고 사람에게도 피부암이나 백내장 같은 병들이 생기게 돼요.

환경 파괴는 지구를 사막으로 만들어요. 해마다 600만 헥타르(ha)의 땅이 사막으로 변하고 있어 머지않아 지구의 1/3이 사막이 될 것이라고 해요.

환경 파괴는 기상 이변을 일으켜 홍수나 가뭄 같은 자연재해도 많이 발생시켜요. 지난 10년 동안의 자연재해 피해는 이전 40년 간 있었던 피해보다 훨씬 컸어요. 그리고 지금처럼 계속 물이 오염된다면 10년 뒤에는 지구 인구의 1/5인 12억 명이 깨끗한 물을 구하기 힘들어질지도 몰라요.

지구와 환경

슬기로운 생활 1-1 5. 자연과 함께 해요 과학 6-1 4. 생태계와 환경

갯벌을 보존해야 하는 이유는 뭘까?

갯벌은 바닷물에 의해 운반되는 모래나 흙이 오랫동안 쌓여 생긴 땅이에요. 한때 갯벌은 쓸모 없는 땅이라고 생각했어요. 그래서 바다를 막아 갯벌을 없애고 그 땅에 농사를 짓거나 공장을 지을 수 있는 땅으로 만드는 간척 사업이 대대적으로 벌어지기도 했어요.

우리나라도 여러 간척 사업과 방조제 건설로 전체 갯벌의 45%가 사라졌어요. 우리나라는 세계적으로 가장 많은 갯벌을 없앤 나라 중 하나예요.

갯벌은 오염 물질을 깨끗이 정화시켜요.

갯벌은 자연재해 예방 기능을 해요.

우리나라의 서해안 갯벌은 세계의 5대 갯벌 중 하나예요.

하지만 갯벌은 쓸모 없는 땅이 아니라 없어서는 안 될 중요한 땅이에요. 갯벌은 영양이 풍부하기 때문에 생물들이 살기에 적합해요. 실제로 지구상에 있는 생물의 20% 가량이 갯벌에서 알을 낳고 먹이를 구하며 살고 있어요.

갯벌은 오염 물질을 정화시키는 역할도 해요. 갯벌은 땅에서 생기는 오염 물질이 바다로 흘러들어가는 것을 막고 바다의 오염 물질도 갯벌에서 깨끗이 정화시켜요.

갯벌은 홍수나 태풍의 피해를 줄여 주는 역할도 해요. 물을 저장하고 태풍이 불 때에도 바닷물이 넘치는 것을 막아 주어요.

만약 갯벌이 없어지면 많은 생물들이 살 곳을 잃고, 바다의 오염이나 태풍의 피해도 심해질 것이에요.

뿐만 아니라 갯벌은 어민들이 물고기를 잡고 조개를 주울 수 있게 해주어요. 그리고 모래사장은 해수욕장으로 이용되어 사람들이 쉴 수 있게 해주지요.

모래사장도 갯벌이다?

갯벌은 흔히 뻘로 되어 있다고 생각하기 쉽지만 모래나 자갈로 이루어진 갯벌도 있어요. 밀물 때에는 물속에 잠기고 썰물 때에는 모습을 드러내는 것이 갯벌의 특징이에요. 따라서 바닷가의 모래사장이나 자갈밭도 모두 갯벌이라고 할 수 있어요.

지구와 환경

과학 3-1 4. 날씨와 우리 생활 4-1 4. 모습을 바꾸는 물 6-2 1. 날씨의 변화

구름의 종류에는 어떤 것들이 있을까?

구름은 크기나 모양이 다양해요. 어떤 구름은 옆으로 수천 킬로미터 퍼져 있고, 어떤 구름은 위로 수십 킬로미터나 쌓여 있기도 해요.

구름은 수증기가 공기 중으로 올라가 만들어지는 것이에요. 이때 수증기의 양이나 공기의 상태에 따라서 여러 모양의 구름이 만들어져요.

구름은 과학적으로 10가지 정도로 분류가 돼요.

새털구름

① 새털구름(권운) : 푸른 하늘에 떠 있는 하얀 실이나 새털 같은 모양의 구름이에요. 날씨가 맑은 후 흐려지기 시작할 때 나타나요.

비늘구름

② 비늘구름(권적운) : 작은 구름 조각이 물결 모양 또는 비늘 모양으로 나타나요.

털층구름

③ 털층구름(권층운) : 면사포 모양의 구름으로, 온 하늘을 뒤덮고 있어요. 이 구름이 생길 때 햇무리나 달무리가 나타나기도 해요.

양떼구름

④ 양떼구름(고적운) : 회색 또는 엷은 회색의 둥그렇고 큰 구름 덩어리로, 양떼와 비슷한 모양이에요.

⑤ 높층구름(고층운) : 진한 회색의 천 모양으로, 온 하늘을 뒤덮고 있는 구름이에요.

높층구름

⑥ 비구름(난층운) : 검은색 구름으로, 모양이 불규칙하게 변해요. 이 구름이 몰려오면 비가 오기 시작해요.

비구름

⑦ 층쌘구름(층적운) : 회색의 커다란 구름 덩어리로 하늘을 온통 뒤덮으나, 구름 사이로 푸른 하늘이 보여요. 긴 언덕 모양으로 나타날 때가 많아요.

층쌘구름

⑧ 안개구름(층운) : 안개나 연기와 비슷한 구름으로, 비가 오고 있을 때 산간이나 이른 아침 평야 지대에 많이 나타나요.

안개구름

⑨ 뭉게구름(적운) : 뭉게뭉게 떠 있는 구름으로, 여름철 오후 맑은 하늘에 잘 나타나요.

뭉게구름

⑩ 쌘비구름(적란운) : 크고 진한 구름으로 꼭대기에서는 많은 구름 봉우리가 솟구치고, 아래는 구름이 흩어져 있는 모양이에요. 번개가 치고 소나기나 우박을 내리게 하는 구름이에요.

쌘비구름

지구와 환경

과학 4-1 2. 지표의 변화 5-1 1. 지구와 달

바닷물의 **밀물**과 **썰물**은 왜 생길까?

바닷가에 가면 바닷물이 들어왔다 빠졌다 하는 것을 볼 수 있어요. 바닷물이 모여드는 것을 밀물이라고 하고, 바닷물이 빠져나가는 것을 썰물이라고 해요.

밀물과 썰물이 생기는 것은 달과 지구가 서로 끌어당기는 힘과 지구의 자전과 공전 때문이에요.

지구와 태양, 그리고 지구와 달은 서로 끌어당기는 힘이 있어요. 지구와 달이 서로 끌어당기는 힘에 의해서 바닷물이 달 쪽으로 끌려가요. 땅은 고정되어 있지만 바닷물은 쉽게 움직일 수 있기 때문이지요. 그래서 달과 마주보고 있는 쪽은 바닷물이 많아지는 밀물이 되는 것이에요. 물론 태양도 밀물과 썰물에 영향을 주지만, 태양은 지구로부터 아주 멀리 있기 때문에 그 영향은 달보다는 작아요.

밀물과 썰물이 일어나는 또 다른 이유는 지구의 자전과 공전 때문이에요. 빠르게 돌고 있는 물체는 밖으로 튕겨 나가려는 성질이 있어요. 이것을 원심력이라고 해요.

지구는 1초에 약 30킬로미터를 움직일 정도로 빠른 속도로 태양의 둘레를 돌고 있어요. 그러다 보니 지구의 바닷물은 밖으로 튕겨 나가려고 하지요. 이러한 원심력은 달과 반대쪽에 있는 바다가 훨씬 강해요. 달과 마주보고 있지 않는 쪽은 달이 끌어당기는 힘이 그만큼 작기 때문이지요. 그래서 달과 반대쪽에 있는 바다에도 바닷물이 모여 밀물이 된답니다.

지구는 하루에 한 번씩 자전을 하기 때문에 하루에 두 번씩 밀물과 썰물이 일어나요. 한 번은 달이 끌어당기는 힘에 의해서이고, 한 번은 물이 밖으로 나가려는 힘에 의해서이지요.

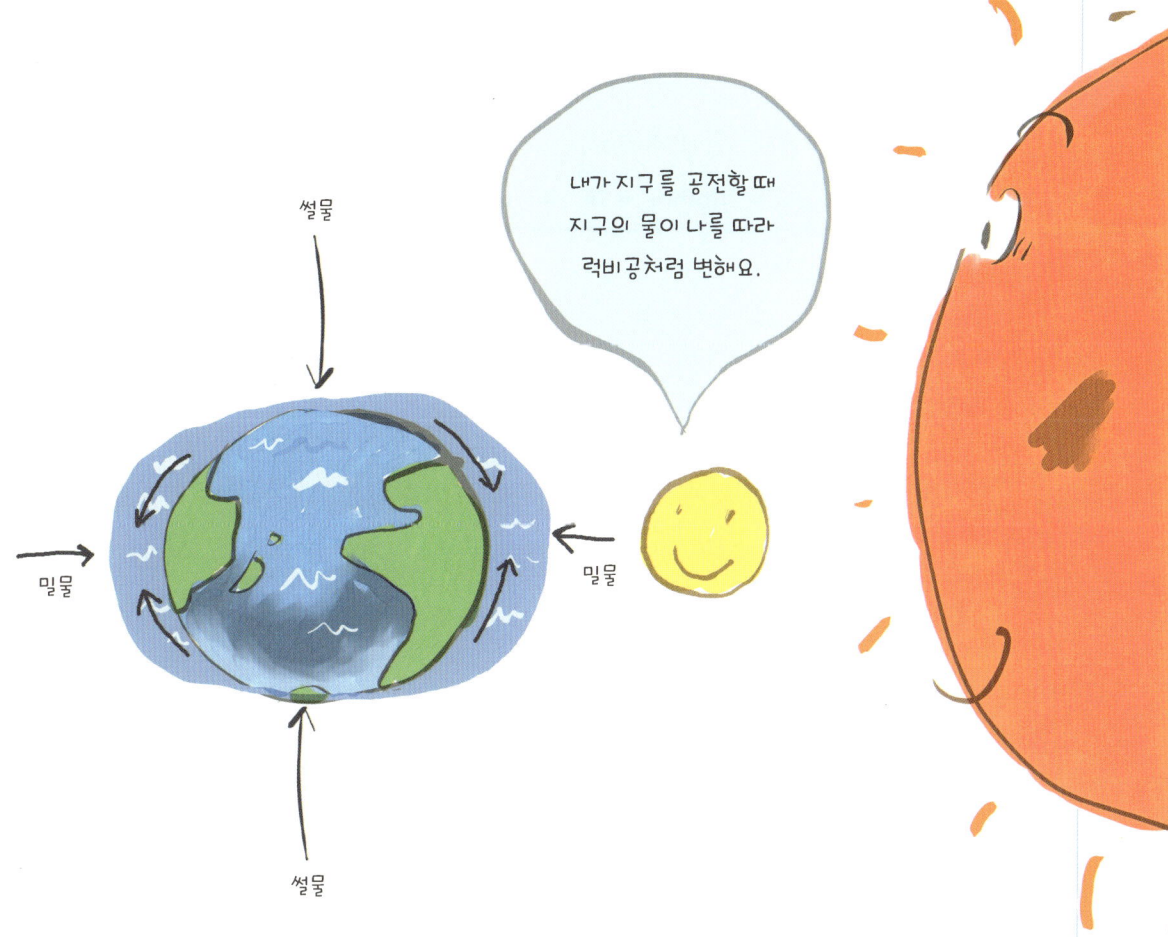

 지구와 환경

과학 3-1 4. 날씨와 우리 생활 6-2 1. 날씨의 변화

왜 번개는 지그재그로 내리칠까?

옛날에는 번개를 하늘에서 내리는 벌로 생각했어요. 하늘의 신이 화가 났거나, 잘못한 사람이 있으면 번개를 내리쳐 벌을 내렸다는 것이지요. 하지만 이것은 번개에 대한 무서움 때문에 생겨난 말이에요.

번개가 치는 이유는 구름이 전기적인 성질을 가지고 있기 때문이에요. 서로 다른 전기적 성질을 가진 구름들이 부딪치면 강한 전기 불꽃이 생겨요. 전기 불꽃 주변의 공기는 엄청 뜨거워져 폭발을 하게 된답니다. 이때 생기는 빛이 번개이고, 공기가 폭발하는 소리가 바로 천둥이에요.

그런데 번개는 왜 일직선으로 내려오지 않고 지그재그로 내리칠까요?

번개는 제멋대로 내려오는 것 같지만 사실은 가장 빠른 길로 내려오는 것이에요. 공기는 원래 전기가 통하지 않아요. 그런데 전압이 높은 강한 전기를 만나면 공기 분자들이 전기를 띠고 전기가 지나갈 수 있는 이온으로 변해요. 번개는 이러한 이온을 따라 땅으로 내려오는 것이에요.

그런데 번개가 지나갈 수 있는 이온은 공기 중에 균일하게 만들어지지 않아요. 어떤 곳에는 많고 어떤 곳에는 적게 만들어져요.

결국 번개는 공기 속에서 전기가 가장 잘 통하는 곳을 골라 그곳을

지나가요. 그래야만 가장 빨리 땅으로 내려갈 수 있기 때문이지요. 이 때문에 번개는 지그재그로 내리치는 것이에요.

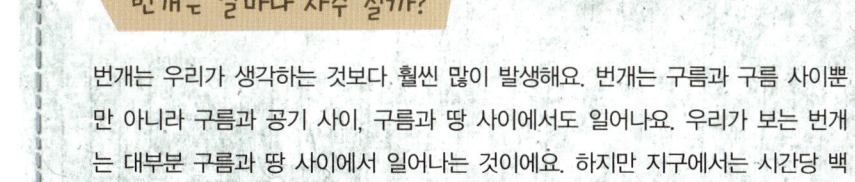

번개는 우리가 생각하는 것보다 훨씬 많이 발생해요. 번개는 구름과 구름 사이뿐만 아니라 구름과 공기 사이, 구름과 땅 사이에서도 일어나요. 우리가 보는 번개는 대부분 구름과 땅 사이에서 일어나는 것이에요. 하지만 지구에서는 시간당 백만 번 정도 번개가 치고 있어요. 번개의 대부분은 땅으로 내려오지 않지만, 땅으로 떨어지는 벼락도 1초에 약 100번 정도나 된다고 해요.

수학 2-1 5. 길이 재기 2-2 3. 길이 재기

바다의 깊이는 어떻게 알 수 있을까?

바다의 넓이는 3억 6천1백만㎢(제곱킬로미터)로 지구 표면의 약 71%를 차지하고 있어요. 태평양, 대서양, 인도양, 북극해, 남극해를 다섯 개의 큰 바다라는 뜻으로 오대양이라고 해요. 이중 태평양 1억 6천5백만㎢, 대서양 8천2백만㎢, 인도양 7천3백만㎢, 북극해 1천4백만㎢, 남극해 7천2백만㎢로 태평양이 가장 넓어요.

바다의 평균 깊이는 약 3,800미터 정도예요. 그리고 지금까지 밝혀진 바다에서 가장 깊은 곳은 태평양에 있는 챌린저 해연으로 깊이가 11,034미터에 달해요.

이렇게 깊은 바다의 깊이를 어떻게 잴까요?

예전에는 줄자 끝에 무거운 추를 달아 바다의 깊이를 쟀어요. 하지만 이 방법은 시간과 힘이 많이 들고, 파도에 추와 줄자가 이리저리 밀려서 정확한 깊이를 잴 수 없었어요. 그리고 줄자로 잴 수 없는 아주 깊은 바다도 많았어요.

과학이 발달하면서 바다의 깊이를 재는 여러 가지 장비나 기계들이 만들어졌어요. 그중 가장 널리 사용되는 것이 음파를 이용하는 것이에요. 소리를 바닷속으로 보내 바다 밑바닥에 부딪혀 돌아오는 시간을 계산하는 방법이에요.

소리는 바닷속에서 1초에 약 1,500미터를 갈 수 있어요. 그러니까 바다 위에서 바닷속으로 음파를 발사해 돌아오는 데까지 8초가 걸렸다면 바닥까지 가는데 걸리는 시간은 4초가 돼요. 따라서 바다의 깊이는 1,500×4=6,000미터가 되는 것이지요. 이렇게 음파를 이용하면 바다의 깊이뿐만 아니라 바다의 모양도 알 수 있어요.

그리고 압력계을 이용하는 방법도 있어요. 이 방법은 잠수함에서 주로 사용되는데, 수압은 10미터 내려갈 때마다 1기압씩 높아진다는 원리를 이용한 것이에요. 잠수함이 있는 곳의 수압을 알면 그곳의 깊이를 알 수 있는 것이지요.

지구와 환경

과학 4-2 4. 화산과 지진

화산이 폭발하면 어떤 일이 일어날까?

지구는 딱딱한 땅으로 되어 있는 것 같지만 땅속 깊은 곳은 아주 뜨거워요. 지구 안쪽은 뜨거운 열에 의해서 바위나 금속이 녹아서 물처럼 되어 있어요. 이것을 '마그마'라고 해요.

마그마는 뜨거운 열과 함께 높은 압력을 가지고 있어요. 계속해서 압력이 높아진 마그마는 땅이 갈라진 틈이나 약한 곳을 뚫고 터져 나와요. 이것이 바로 화산 폭발이에요.

화산이 폭발하면 용암, 화산탄, 화산재 등 무거운 것부터 지표에 쌓여요.

화산재

화산탄

용암

화산이 폭발하면 먼저 마그마 근처에 있던 지하수가 수증기로 변하여 분출하기 시작해요. 그리고 땅속에 있던 가스들이 큰 폭발을 일으키면서 터져 나와요. 그 후 용암이 흘러나오지요.

화산이 폭발하면 뜨거운 용암과 화산재가 마을이나 도시를 덮쳐 큰 피해를 주어요. 그러나 더 무서운 것은 화산이 폭발할 때 지진이나 해일, 산사태 등이 함께 일어난다는 점이에요.

땅속에 있는 마그마가 터져 나오면 그만큼 땅속에 빈 공간이 생기기 때문에 땅이 내려앉거나 갈라지는 지진이 일어나기 쉬워요.

그리고 화산 폭발이 심할 때에는 많은 수증기가 나오기 때문에 화산이 폭발한 부근에는 많은 구름들이 만들어져요. 이 구름에서 요란한 천둥과 함께 폭우가 쏟아지기도 해요.

또 화산이 폭발할 때 나오는 화산재와 가스가 하늘을 뒤덮어 햇빛을 가리기 때문에 기온이 낮아지는 등의 기후 변화가 나타나기도 해요.

가장 피해가 컸던 화산 폭발은?

지금까지 가장 큰 피해를 입힌 화산 폭발은 1815년의 인도네시아 탐보라 화산 폭발이었어요. 탐보라 화산 폭발은 수소 폭탄의 1,000배나 되는 위력으로 수십만 명의 목숨을 빼앗아갔어요. 뿐만 아니라 화산 폭발로 생긴 화산재와 먼지는 150만 km^3나 되는 넓은 지역을 뒤덮어 지구의 기온을 떨어뜨렸어요. 그래서 1816년 유럽과 미국은 여름에도 서리가 내리는 이상 기온 현상이 일어났어요. 이로 인해 전 세계적으로 농작물이 얼어 죽는 등 끔찍한 흉년이 들었어요.

지구와 환경

과학 3-1 4. 날씨와 우리 생활 4-1 4. 모습을 바꾸는 물 6-2 1. 날씨의 변화

눈이 많이 내리면 왜 풍년이 들까?

겨울에 눈이 많이 오면 다음 해에 풍년이 든다는 말이 있어요. 눈과 농사는 상관없을 것 같지만 눈은 다음 해의 농사에 여러 가지 영향을 준답니다.

겨울에 많은 눈이 내리면 겨울 가뭄을 덜어 주는 효과가 있어요.

그리고 겨울에 내리는 눈은 땅을 덮어 주어 땅속의 온도가 떨어지는 것을 막아 주어요. 눈은 차갑기 때문에 눈이 쌓이면 땅의 온도가 내려갈 것 같지만 그렇지 않아요. 눈을 확대해서 보면 눈 결정은 육각형을 이루고 있고, 눈 결정 사이사이가 비어 있어요. 이렇게 비어 있는 곳에 공기가 들어 있어 눈이 쌓이면 눈 사이사이에 들어 있는 공기들이 열의 이동을 막아 주어요. 마치 이불처럼 땅을 덮어 주는 것이지요.

눈은 땅속에 있는 해충들을 죽이는 역할도 해요. 눈이 쌓여 있을 때에는 땅속의 해충들도 추운 겨울 동안 살아남을 수 있어요. 하지만 눈이 녹을 때에는 상황이 달라진답니다. 눈은 녹으면서 주변의 열을 빼앗아가요. 그래서 땅의 온도가 급격히 떨어져 땅속에 살고 있는 해충들이 모두 죽게 되는 것이에요.

또한 눈에는 공중에서 흡수한 질소 화합물이 많이 들어 있어요. 눈이 녹을 때 이 질소 화합물은 땅에 녹아 들어가 비료 역할을 해요. 따라서 눈이 많이 오면 많은 질소 비료를 주는 셈이지요.

과학이 숨어 있는 속담들

제비가 집을 거칠게 지으면 풍년 든다 - 제비는 흙이나 풀을 섞어서 집을 지어요. 그런데 제비집이 거칠다는 것은 제비가 집을 지은 흙에 수분이 많다는 말이에요. 제비가 집을 짓는 4월경에 흙에 물기가 많다는 말은 씨를 뿌리는 데 어려움이 없어서 농사가 잘 될 것이라는 뜻을 담고 있어요.

개구리밥 생긴 논이 농사 풍년 든다 - 개구리밥은 거름기가 많은 논에 생겨요. 그래서 개구리밥이 생긴 논은 농사가 잘 되는 것이에요.

괭이자루가 쉽게 빠지면 가문다 - 괭이자루가 쉽게 빠진다는 것은 괭이자루가 말라서 빠질 정도로 공기 중 습도가 낮다는 말이에요. 이렇게 날이 건조하면 비가 올 확률이 아주 낮은 것이지요.

71 지구와 환경

슬기로운 생활 1-1 5. 자연과 함께 해요 과학 6-1 4. 생태계와 환경

오존층이 파괴되면 어떻게 될까?

피부가 탔어요.

지구를 둘러싸고 있는 공기는 여러 층으로 되어 있어요. 그중 땅으로부터 20~30킬로미터 높이에 오존층이 있어요. 오존층은 태양으로부터 오는 해로운 자외선을 막아 주는 역할을 해요.

여름에 햇빛 아래 오래 있으면 피부가 검게 타지요. 이것은 자외선을 많이 받았기 때문이에요. 햇빛 속에는 이보다 강력하고 많은 피해를 주는 자외선이 많아요.

하지만 오존층이 강력하고 해로운 자외선은 막아 주고 약한 자외선만 땅으로 통과시키기 때문에 큰 문제는 없어요.

오존층이 파괴될수록 더 많은 해로운 자외선이 땅으로 내려올 수밖에 없어요. 그렇게 되면 사람들은 피부암이나 시력이 떨어지는 백내장 등과 같은 여러 가지 병에 걸리기 쉬워요.

오존층이 완전히 파괴되면 식물이 양분을 만드는 엽록소가 파괴되어 식물이 자랄 수 없게 돼요. 그러면 물고기의 먹이인 플랑크톤의 수가 줄어 물고기들의 수도 줄어들어요. 그리고 지구에는 더 이상 생물들이 살 수 없게 된답니다.

과학 4-2 3. 열 전달과 우리 생활 5-2 4. 태양계와 별

태양은 얼마나 뜨거울까?

　태양은 지구에서 약 1억 5,000만 킬로미터나 떨어져 있어요. 이렇게 먼 거리에 태양이 있지만 지구의 생물들은 태양으로부터 나오는 빛과 열에 의해서 살아가고 있어요.

　태양은 약 46억 년 전에 기체 덩어리들이 뭉쳐지면서 만들어졌어요. 뭉쳐진 기체 덩어리가 높은 온도와 압력을 견디다 못해 폭발을 하면서 열과 에너지를 내뿜게 되었지요. 태양은 고요히 빛나고 있는 것이 아니라 지금도 격렬하게 타오르고 있어요.

　지구보다 약 130만 배나 큰 태양의 표면 온도는 6,000도가 넘어요. 그리고 내부의 온도는 무려 1천 5백만 도나 된답니다. 그야말로 거대한 불덩어리인 셈이지요.

내부 온도는 무려 1,500만 도야.

　태양이 타면서 나오는 빛과 열은 지구의 모든 생명체가 살 수 있게 하는 에너지예요. 사방 1미터 안에 쏟아지는 태양 에너지의 양은 형광등 35개를 켤 수 있을 정도랍니다.

별과 우주

슬기로운 생활 2-2 1. 낮과 밤이 달라요
과학 5-1 1. 지구와 달 5-2 4. 태양계와 별

우주에 별은 몇 개나 될까?

지구는 태양을 중심으로 그 둘레를 도는 태양계에 속해 있어요. 그리고 태양계는 은하계에 속해 있고요.

우리가 속해 있는 은하계에는 약 1,000억 개 정도의 별이 있다고 해요. 어떤 학자는 우리 은하계에만 4,000억 개의 별이 있다고 주장하기도 하지요. 그런데 우주에는 우리 은하계 같은 은하계가 1,000억 개 정도가 있다고 하니 별의 개수는 무한대에 가까운 것이지요.

그리고 별의 개수는 일정한 것이 아니에요. 별은 계속해서 새로 만들어지기도 하고, 원래 있던 별이 사라지기도 하니까요. 그래서 정확한 별의 개수를 센다는 것 자체가 불가능해요.

더구나 우리 눈으로 별들을 다 볼 수 있는 것은 아니에요. 지구에서 볼 수 있는 별은 고작해야 8,000개 정도예요. 우리는 지구에 가까이 있는 별이나 아주 밝은 빛을 내는 별만 볼 수 있어요.

우주에는 항성, 행성, 위성 등이 있어요. 항성은 태양처럼 스스로 빛을 내는 것을 말해요. 그리고 행성은 태양의 주위를 도는 지구나 화성 같은 별이고, 위성은 지구 주위를 도는 달과 같이, 행성 주위를 도는 별을 말해요. 우리는 항성, 행성, 위성 등을 통틀어서 별이라고 해요.

그리고 별의 개수를 말할 때 주의할 것이 있어요. 천문학에서는 지구나 달은 별이라고 하지 않아요. 천문학에서는 태양처럼 스스로 빛을 내는 항성만 별이라고 부른답니다. 천문학에서 별의 개수는 태양처럼 스스로 빛을 내는 항성의 수를 말해요.

지구에서 가장 가까운 별은?

지구에서 가장 가까운 별은 태양이에요. 태양을 빼고 지구에서 가장 가까운 별은 센타우루스 알파3중성 중 프록시마 성이에요. 이 별까지의 거리는 지구에서 태양까지 거리의 25만 배나 먼 4.28광년이라고 해요. 1광년은 빛의 속도로 1년을 가야 하는 거리예요. 그러니까 가장 가까운 별은 빛의 속도로 약 4.3년을 꼬박 가야 있는 것이지요.

과학 5-2 4. 태양계와 별 6-2 3. 에너지와 도구

우주선은 정말 무기 개발로 만들어졌을까?

우주선이 처음 만들어지게 된 이유는 미국과 소련(지금의 러시아)의 군사력 경쟁 때문이었어요. 2차 세계 대전이 끝난 후 미국과 소련은 계속해서 새로운 무기들을 개발했어요.

이미 원자 폭탄을 가지고 있었던 두 나라는 수소 폭탄을 개발했어요. 엄청난 위력을 가진 핵폭탄을 가지게 된 미국과 소련은 미사일 개발을 서둘렀어요. 당시만 해도 미사일이 발달하지 못했거든요.

먼 거리에 있는 곳에 폭탄을 터뜨리려면 비행기에 핵폭탄을 싣고 가서 떨어뜨려야 했어요. 그래서 가장 필요한 무기가 지구 어디에라도 날아갈 수 있는 대륙간탄도미사일이었어요.

대륙간탄도미사일을 개발하면서 만들어진 것이 바로 인공위성이에요. 인공위성을 쏘아올린다는 것은 대륙간탄도미사일을 만들 수 있는 능력이 있다는 의미였지요.

가장 먼저 인공위성을 쏘아 올린 나라는 소련이었어요. 소련은 1957년 10월 4일 인류 최초의 인공위성인 스푸트니크 1호를 발사했어요. 그리고 얼마 후인 1957년 11월 3일, 스푸트니크 2호를 쏘아올렸어요. 거기에는 '라이카'라는 개가 타고 있었어요. 라이카가 지구에서 최초로 우주 여행을 한 셈이지요. 라이카는 인공위성 안에서 오랫동안 살아 있어 사람이 우주로 나갈 수 있다는 것을 보여 주었어요.

소련의 인공위성 발사 성공은 미국에게는 엄청난 충격이었어요. 그래서 미국은 소련과 비교할 수 없을 정도로 많은 돈을 우주선 개발에 쏟아 부었어요. 이렇게 미국과 소련이 경쟁적으로 우주선을 개발하면서 우주 탐사가 시작되었어요.

지구에서 최초로 우주로 나간 사람은 누구일까?

1961년 4월 12일 러시아의 보스토크 1호가 발사되었어요. 거기에는 러시아의 우주 비행사인 유리 가가린이 타고 있었어요. 가가린은 보스토크 호를 타고 지구를 한 바퀴 돈 후 무사히 돌아왔어요. 이것이 인류 역사상 처음으로 사람이 우주로 나간 것이었어요.

과학 3-2 4. 빛과 그림자 5-1 1. 지구와 달

달은 왜 날마다 모양이 바뀔까?

　둥근달, 반달, 초승달……. 달은 날마다 모양이 바뀌는 것 같지만 사실 달의 모양은 변하지 않아요. 다만 우리 눈에 모양이 변하는 것처럼 보일 뿐이지요. 그리고 달이 빛을 내는 것 같지만 사실은 빛을 내지 않아요.

　우리가 달을 볼 수 있는 것은 태양의 빛이 달에 반사되기 때문이에요. 다시 말해 우리가 보는 달의 모양은 태양빛이 달에 반사되는 부분이에요. 태양빛을 받는 부분이 모두 보일 때에는 둥근 달로 보이고, 달이 없는 것처럼 보일 때에는 달이 태양빛을 받지 못해서 그런 거예요.

　날마다 달의 모양이 다르게 보이는 이유는 달이 약 27.3일에 한 바퀴씩 지구 주변을 돌기 때문이에요.

　하지만 지구에서 보면 달은 29.5일에 한 바퀴씩 지구 둘레를 도는 것처럼 보인답니다. 달이 지구를 도는 동안 지구도 태양의 둘레를 돌고 있기 때문이에요. 그래서 우리가 보는 달은 약 29.5일을 주기로 모양이 달라져요. 달이 지구 둘레를 도는 동안 우리가 볼 수 있는 달의 부분이 조금씩 달라지기 때문이지요.

　그림에서 보는 것처럼 '태양 - 지구 - 달'의 순서로 있으면 햇빛을 반사하는 달의 모양을 다 볼 수 있어요. 이때가 바로 보름달이지요. 그리고 '태양 - 달 - 지구'의 순서로 있을 때 지구에서 볼 수 있는 달은

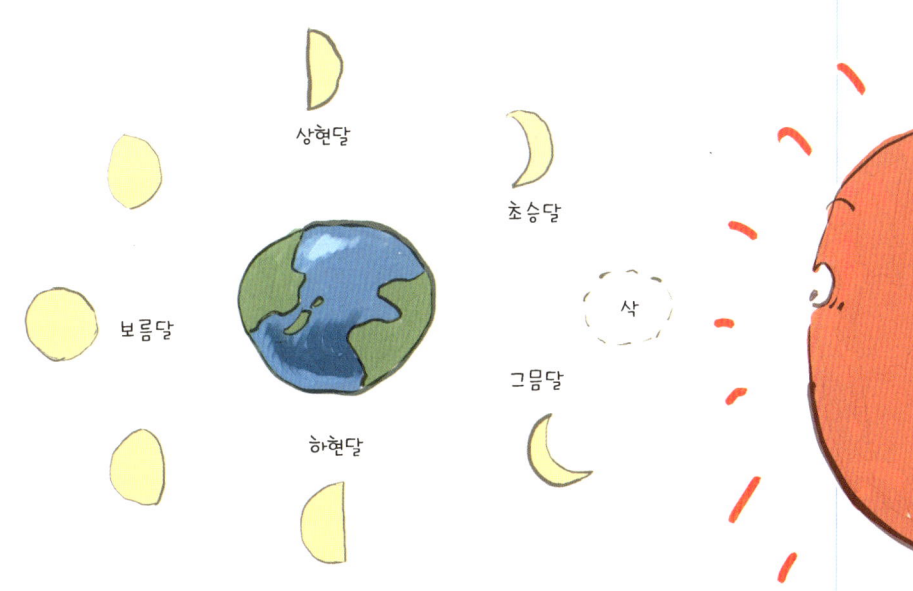

햇빛을 받지 못하는 부분뿐이에요. 그러니 달을 볼 수 없어요. 그리고 달이 태양과 90도를 이루면 반만 밝은 부분으로 보여 반달이 되는 것이지요.

달의 모양에 따라 부르는 이름

때에 따라서 달의 이름도 달라져요. 지구에서 달을 거의 볼 수 없을 때를 '삭'이라고 해요. 그리고 달이 자리를 옮겨 눈썹만 한 달이 보일 때는 초승달이라고 불러요. 그리고 점점 커져 반달이 되었을 때에는 상현달, 그리고 둥근 모양이 되었을 때는 보름달이라고 불러요. 보름달이 점점 줄어들어 반달이 되면 하현달, 그리고 초승달과는 반대로 휘어졌을 때에는 그믐달이라고 불러요.

76 별과 우주

과학 5-2 4. 태양계와 별 6-1 1. 빛

별은 왜 반짝일까?

동화나 만화에 보면 별을 따서 목걸이를 만든다든지, 벽에 걸어 놓는다는 이야기가 나와요. 반짝반짝 빛나는 별로 장식품을 만들면 정말 멋질 것 같아요.

그런데 별들은 조그맣게 보이지만 사실은 엄청 크답니다. 반짝이는 별들은 지구보다 훨씬 큰 별들이에요. 별들 중에는 태양보다 몇백 배 큰 것들도 있어요. 그러니까 별을 따다가 목걸이를 만든다는 것은 정말 말도 안 되지요.

별들이 반짝이며 빛을 내는 이유는 태양처럼 활활 타오르기 때문이에요. 별을 자세히 살펴보면 별이 내는 빛의 색깔도 조금씩 달라요. 이것은 별의 타오르는 온도가 다르기 때문이에요.

백만 도 이상의 온도로 타오르는 별은 붉은색을 띠고, 그보다 더 뜨거운 별은 노란색, 그리고 3백만 도 가까이 되는 별은 푸른색으로 보여요. 이렇게 뜨거운 별로 목걸이를 만들다니, 정말 동화나 만화에서나 가능한 이야기이지요.

별들은 태양보다 훨씬 크고 뜨겁고 강한 빛을 내고 있어요. 그런데도 태양보다 훨씬 작고 희미하게 보이는 이유는 별들은 아주 멀리 있기 때문이랍니다.

또한 별빛이 반짝거리는 것은 지구에 있는 공기 때문이에요. 지구의 공기는 모여 있는 정도나 온도가 다른 여러 층을 이루고 있어요.

아주 멀리서 지구로 들어오는 별빛은 각각 다른 공기층을 통과하면서 꺾이거나 흡수되어요. 이런 이유로 별빛이 밝아졌다 어두워졌다 하는 것처럼 보이는 것이에요.

만약 공기가 없는 우주 공간에서 별을 본다면 별은 반짝이지 않고 가만히 빛나고 있을 거예요.

과학 5-2 4. 태양계와 별 6-1 1. 빛

빛이 지구에 도달하는 데 얼마나 걸릴까?

지구에서 태양까지의 거리는 약 1억 5천만 킬로미터나 돼요. 이 거리가 얼마나 먼지 실감이 나지 않지요? 1억 5천만 킬로미터는 사람이 잠시도 쉬지 않고 잠도 자지 않고 4,000년을 계속 걸어야 갈 수 있는 거리예요.

그렇다면 빛이 태양에서 지구까지 오는 데는 얼마만큼의 시간이 걸릴까요?

세상에서 가장 빠른 속도로 움직이는 것은 바로 빛이에요. 빛은 1초에 무려 30만 킬로미터를 갈 수 있어요. 빛은 이렇게 빠르게 움직이지만 태양에서 지구까지 오는 데에는 많은 시간이 걸린답니다.

지구와 태양 사이의 거리를 빛의 속도로 나누면 오는 데 걸리는 시간을 알 수 있어요. 1억 5천만을 30만으로 나누면 500이지요. 그러니까 빛이 태양에서부터 지구까지 오는 데에는 500초, 약 8분 30초 정도가 걸리는 것이지요.

지금 우리가 보는 태양빛은 8분 30초 전에 태양에서 나온 빛이에요. 지금 당장 태양이 사라져도 우리는 8분 넘는 시간 동안 태양이 사라진 것도 모를 거예요. 그때까지는 계속해서 태양빛이 보일 테니까요.

과학 5-1 1. 지구와 달 5-2 4. 태양계와 별

달과 태양은 얼마나 클까?

우리가 볼 때, 하늘에 떠 있는 달과 태양은 비슷한 크기로 보이지만 사실은 엄청난 차이가 있어요.

태양의 지름은 약 140만 킬로미터로, 지구 지름의 약 109배나 돼요. 그리고 태양의 부피는 지구의 부피에 비해 130만 배나 돼요. 지구가 130만 개가 모여야 태양의 크기만큼 되는 것이지요.

그에 반해 달의 지름은 3,476킬로미터로, 미국 대륙의 동서 길이보다도 짧아요. 달의 지름은 지구 지름의 약 1/4 정도이며, 부피는 지구의 1/49밖에 되지 않아요.

그런데도 우리 눈에 달이 태양과 비슷하게 보이는 이유는 달에 비해 태양이 멀리 떨어져 있기 때문이에요. 지구에서 달까지의 거리는 약 38만 4,400킬로미터예요. 정말 어마어마하게 먼 거리지요. 하지만 태양과 지구와의 거리는 약 1억 5,000만 킬로미터로, 지구에서 달까지 거리의 400배나 되어요.

과학 5-1 1. 지구와 달

달에 가면 어떤 일이 일어날까?

사람이 달에 가면 몸무게가 줄어들고 힘이 무척 세져요. 달의 중력은 지구의 1/6밖에 되지 않아요. 그래서 몸무게가 60킬로그램인 사람이 달에 가면 10킬로그램밖에 나가지 않아요.

뿐만 아니라 중력이 지구의 1/6밖에 되지 않기 때문에 지구에서 들던 물건보다 6배나 무거운 물건도 거뜬히 들 수 있어요.

달에서는 한 번 만들어 놓은 건물이나 조각이 전혀 낡지 않아요. 심지어 한 번 찍힌 발자국도 지워지지 않아요. 공기가 없어서 바람이 불지 않기 때문이지요. 또한 물이 없기 때문에 비도 내리지 않아요.

달에서는 약 27.3일에 한 번씩 낮과 밤이 바뀌어요. 지구는 매일 한 번씩 자전을 하지만 달은 약 27.3일에 한 번씩 자전하기 때문이지요.

달의 낮과 밤은 지구의 낮과 밤과는 달라요. 달에서는 낮의 온도가 120도까지 올라가고 밤에는 영하 180도까지 내려가요. 달에서의 낮은 엄청 더운 여름이고 밤은 지독히 추운 겨울인 것이지요. 달에서는 27.3일에 한 번씩 여름과 겨울이 바뀌는 셈이지요.

이렇게 햇빛이 비치는 곳과 비치지 않는 곳의 온도 차이가 심한 이유는 공기가 없기 때문이에요. 지구는 공기가 움직이면서 열을 골고루 섞어 주지만 달은 공기가 없어서 열이 섞이지 않아요.

달이 지구를 도는 속도는?

지구가 태양의 둘레를 돌듯이 달은 지구의 둘레를 돌아요. 그런데 달이 지구 주변을 도는 속도는 엄청나게 빨라요.

달은 지구 주변을 약 27.3일에 한 바퀴씩 도는데, 그러기 위해서 달은 1시간에 3,680킬로미터 정도를 움직여야 해요. 1초에 1킬로미터 이상을 움직이는 것이지요. 이 속도는 총알이 날아가는 속도보다 빠르답니다.

별과 우주

과학 5-1 1. 지구와 달 5-2 4. 태양계와 별

우주선 안에서는 어떻게 생활할까?

우주선 안에서의 생활은 지구에서의 생활과는 아주 달라요.

우주선은 우주 공간에 떠 있기 때문에 중력이 없답니다. 그래서 우주선에서는 살짝 밀치기만 해도 우주선 안을 떠다닐 수 있어요. 물을 부어도 흘러내리지 않고 공기 중에 동그란 물방울로 떠 있게 돼요.

우주선에서는 사람의 몸에도 변화가 일어나요. 먼저 얼굴이 붓고, 허리와 다리가 가늘어져요. 그 이유는 지구에서는 중력 때문에 심장보다 아래쪽으로 피가 많이 가지만, 우주에서는 중력이 없어서 피가 위로 많이 쏠리기 때문이지요.

우주에 있으면 키도 커져요. 우리의 척추 뼈는 여러 개의 마디로 이루어져 있어요. 지구에 있을 때에는 중력 때문에 뼈마디가 서로 붙지만 우주에서는 뼈마디가 벌어지기 때문이에요. 그래서 실제로 우주선에서는 키가 약 3~5센티미터 정도 커진답니다.

우주선에서는 방향과 위치를 몰라 몸의 균형을 잡지 못해요. 귀 안에 있는 세반 고리관은 중력을 받아 우리 몸이 평형 상태에 있는지 기울어져 있는지를 판단하는 기관이에요. 하지만 중력이 없는 우주에서는 세반 고리관이 제 역할을 하지 못해 균형을 잡을 수 없어요.

이 밖에도 우주에 있으면 뼈가 점점 약해지고, 심장이 뛰는 힘이 줄어드는 등 많은 변화가 일어나요.

우주선에서는 어떤 음식을 먹을까?

우주에서는 음식을 먹는 것도 쉬운 일이 아니에요. 중력이 없기 때문에 음식들이 우주선 안에서 떠다니기 때문이지요. 예전에는 튜브 안에 든 음식을 입 안으로 짜 넣어서 먹었어요. 하지만 요즘에는 지구에서처럼 스테이크나 달걀 등도 먹을 수 있다고 해요.

별과 우주

과학 5-2 4. 태양계와 별

우리나라에서는 어떤 별자리가 보일까?

 옛날 사람들은 밤하늘에 빛나는 별을 바라보면서 사람이나 동물의 모양을 상상했어요.

 약 5,000년 전 메소포타미아 사람들이 처음으로 별자리를 만들었어요. 메소포타미아의 별자리는 그리스로 전해지면서 그리스 신화에 나오는 신들과 동물들을 연결시켜 별자리 신화를 만들어냈어요.

 시간이 지나면서 별자리는 페르시아와 유럽에 전해졌어요. 그리고 천문학자들에 의해서 별자리의 숫자도 점점 늘어났어요. 서로 다른 곳에서 여러 개의 별자리가 만들어지다 보니 종종 같은 별이 다른 두 개의 별자리에 들어가기도 하는 등의 문제가 생기기 시작했어요.

 이러한 혼란을 막기 위해서 1930년 국제천문연맹의 총회에서 88개

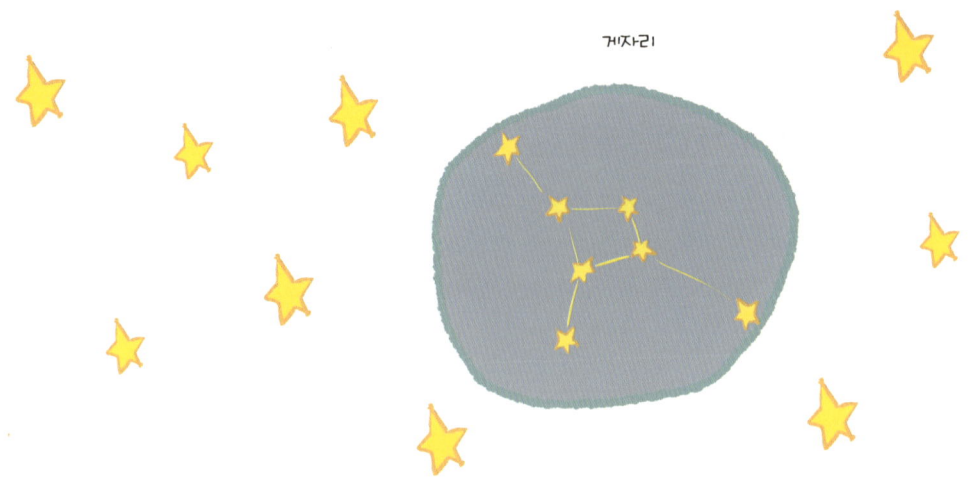

게자리

의 별자리를 정했어요. 이것이 지금 세계에서 공식적으로 사용되고 있는 별자리예요.

이중에서 우리나라에서 볼 수 있는 별자리 수는 50여 개 정도예요. 이 별자리 중에서도 계절별로 볼 수 있는 별자리는 다르답니다.

봄에 볼 수 있는 별자리는 게, 까마귀, 목동, 사냥개, 사자, 처녀, 천칭 등이 있어요. 여름에는 거문고, 궁수, 독수리, 돌고래, 백조, 전갈 등의 별자리를 볼 수 있고, 물병, 안드로메다, 양, 카시오페이아, 페가수스 등은 가을에 볼 수 있는 별자리예요. 겨울에는 마차부, 쌍둥이, 오리온, 작은개, 큰개, 황소 등의 별자리를 볼 수 있어요.

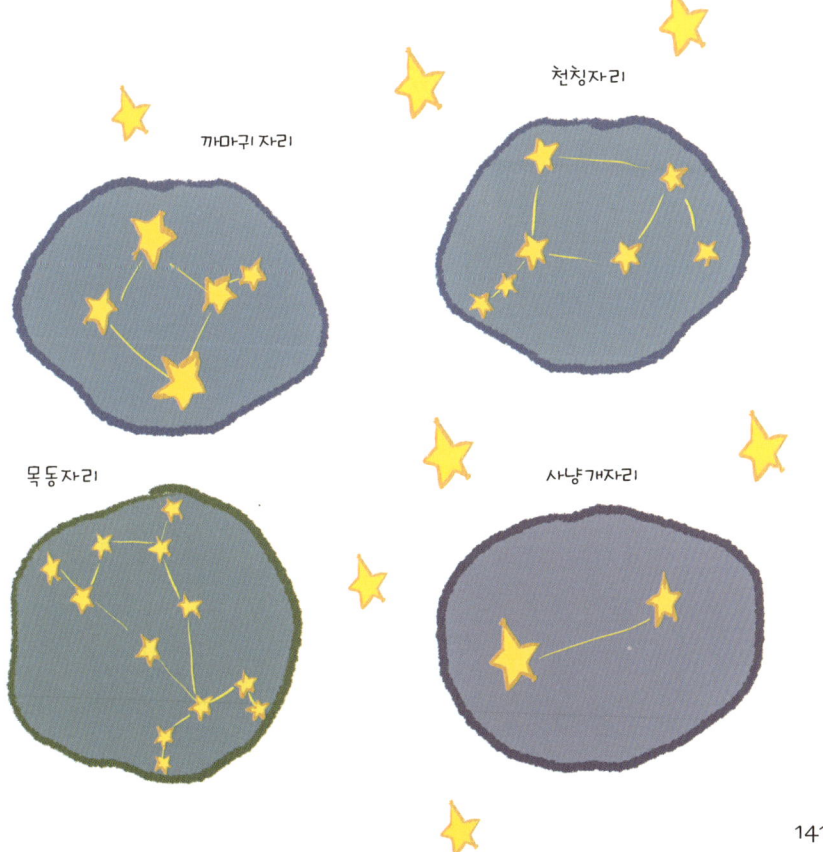

물리와 화학

슬기로운 생활 2-2 2. 그림자와 친구해요 과학 3-2 4. 빛과 그림자 6-1 1. 빛

사물의 색은 어떻게 생기는 것일까?

우리 주변에 있는 것들은 모두 색을 가지고 있어요. 사과는 빨간색, 나뭇잎은 초록색, 바나나는 노란색 등 사물마다 일정한 색을 가지고 있어요.

하지만 이것은 원래 사물이 가지고 있는 색이 아니라 빛에 의해서 그렇게 보일 뿐이랍니다.

하늘은 푸른색이라고 생각하기 쉽지만 그렇지 않아요. 맑은 낮에 하늘을 보면 분명히 푸른색이에요. 하지만 해가 질 무렵의 하늘은 노을이 들어서 붉게 보여요.

그리고 깜깜한 밤에 보면 하늘은 검은색이지요. 이렇게 시간에 따라 하늘의 색깔이 변하는 것은 빛 때문이에요.

사과나 나뭇잎의 색깔도 마찬가지예요. 밝은 낮에 보면 각자 색을 가지고 있지만 깜깜한 밤에 보면 모든 것이 검게 보여요.

우리가 보는 사물의 색을 만들어내는 것은 빛이랍니다. 빛은 투명한 것 같지만 그 안에는 여러 가지 색이 들어 있어요.

햇빛을 프리즘으로 보면 빨강, 주황, 노랑, 초록, 파랑, 남색, 보라의 일곱 가지 색이 들어 있는 것을 알 수 있어요.

이렇게 여러 가지 색이 섞인 빛이 물체에 부딪히면 어떤 색은 물체에 흡수되고 어떤 색은 반사되어요. 물체가 빛의 어떤 색을 흡수하고 어떤 색을 반사하느냐에 따라서 그 물체의 색깔이 달라진답니다.

우리가 보는 사물의 색은 반사된 빛의 색깔이에요. 빛이 물체에 부딪혔을 때 반사된 빛의 색깔이 우리 눈에 들어오는 것이지요.

사과가 빨갛게 보이는 것은 다른 빛은 흡수하고 빨간색만 반사하기 때문이지요. 모든 빛을 반사하면 흰색으로 보이고, 모든 빛을 흡수하면 검은색으로 보이는 것이지요.

그럼, 깜깜한 밤이나 빛이 없는 곳에서 모든 사물이 검게 보이는 이유는 무엇일까요? 그건 빛이 들어오지 않기 때문에 반사할 빛의 색깔이 없기 때문이지요.

 물리와 화학

과학 4-1 1. 무게 재기

인구가 늘어나면 지구는 무거워질까?

지구의 질량은 얼마나 될까요? 지구의 무게를 직접 잴 수는 없지만 과학자들이 계산한 결과 지구는 약 5,972,000,000,000,000,000,000톤, 즉 5,972,000,000,000,000,000,000,000킬로그램 정도 된답니다. 정말 어마어마하게 무거운 것이지요.

그런데 지구의 무게가 옛날이나 지금이나 혹은 미래에도 항상 같을까요?

예전에는 지구에 지금처럼 많은 사람이 살지 않았어요. 하지만 지금 지구에는 70억 명 가까이 사람들이 살고 있으며, 세계의 인구는 갈수록 늘어나 머지않아 100억 명이 될 것이라고 해요. 이렇게 인구가 늘어나면 지구의 무게는 무거워질까요?

한 사람의 무게가 50킬로그램이라고 해도 10억 명이 늘어나면 500억 킬로그램이나 돼요. 그래서 사람이 10억 늘어나면 지구는 500억 킬로그램만큼 무거워질 것 같지요? 하지만 사실은 그렇지 않아요.

그 이유는 사람들이 늘어난 만큼 줄어드는 것이 있기 때문이랍니다. 사람들은 지구에서 자라거나 만들어진 음식을 먹고 살아요. 그래서 사람들이 많아진 만큼 지구에 있는 음식들이 사라져요. 원래 지구에 있던 음식들이 사람의 몸으로 들어간 것이니 지구의 무게는 큰 변화가 없답니다.

비가 쏟아져 홍수가 나거나 화산이 폭발해 없던 땅이 생겼을 때에도 마찬가지예요. 비가 많이 오면 온 만큼, 새로운 땅이 생기면 생긴 만큼 무거워질 것 같지만 지구의 무게는 변하지 않아요. 쏟아지는 비는 지구의 강이나 바다에서 증발한 물이 떨어지는 것이에요. 그러니 지구에 있는 물의 양은 변함이 없는 것이지요.

화산 폭발로 생긴 땅은 땅속에 있는 마그마가 땅 위로 올라와 생긴 것이에요. 마그마가 올라와 땅이 생긴 만큼 땅속의 마그마는 줄어들어요. 이처럼 지구에서는 늘어나는 것이 있는 만큼 줄어드는 것이 있기 때문에 지구의 무게는 큰 변화가 없어요.

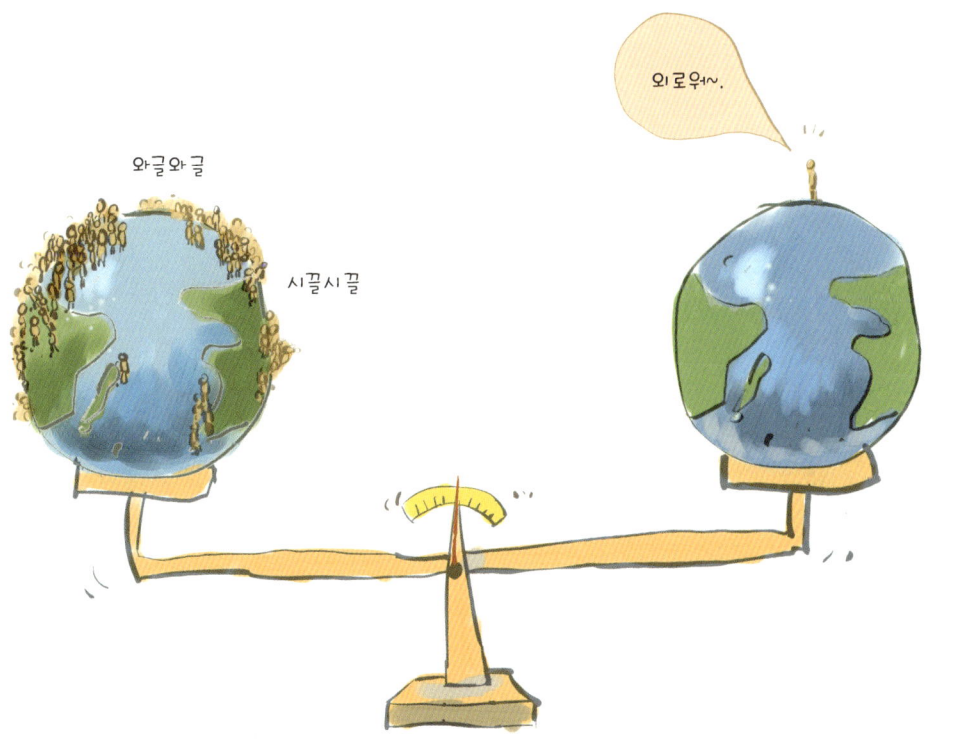

물리와 화학

과학 6-2 3. 에너지와 도구

자동판매기는 언제부터 있었을까?

자동판매기는 최근에 생긴 것 같지만 자동판매기의 역사는 아주 깁니다. 약 2,000년 전에 이미 자동판매기가 있었어요.

알렉산드리아 출신의 과학자 헤론이 사원에 성수를 나누어 주는 자동판매기를 만들었어요.

헤론이 만든 자동판매기는 성수가 담겨 있는 통에 동전을 넣게 되어 있었어요. 자동판매기에 동전을 넣으면 안에 있는 접시 같은 것이 동전의 무게 때문에 밑으로 내려가요. 그러면 접시와 연결되어 있는 마개가 열려 물이 나와요. 그리고 점점 밑으로 내려가던 접시의 동전이 아래로 떨어지면 접시가 올라와 다시 마개를 막는 것이지요. 이것이 세계 최초의 자동판매기였어요.

현대적인 자동판매기는 1940년대 미국에서 만들어졌어요. 인건비가 비

우리나라는 1977년 일본 샤프사의 커피 자동판매기를 처음으로 들여왔어요.

쌌던 미국에서 인건비를 줄이기 위해 사람 없이 물건을 팔 수 있는 자동판매기를 만든 것이었지요.

그 후 자동 판매기는 커피, 음료수뿐만 아니라 속옷이나 영화표까지 다양한 상품을 파는 데 사용되고 있어요.

자동판매기는 때로는 골치 아픈 문제를 슬쩍 피하는 데에도 사용되었어요. 1822년에 영국에서는 정부가 판매를 금지한 책을 파는 데 자동판매기가 이용되기도 했답니다. 당시 영국에서는 정부에서 금지한 책을 팔면 벌을 받았어요. 그런데 자동판매기로 책을 판 사람들은 자기들이 직접 판 것이 아니라고 우길 수 있었지요.

전자 오락기도 자동판매기이다?

모든 자동판매기가 물건을 파는 것은 아니에요. 슬롯머신 같은 도박을 위한 자동판매기도 있어요. 그리고 전자 오락실에 있는 게임기 역시 자동판매기라고 할 수 있어요. 이 기계들은 돈을 넣어 게임이나 도박을 할 수 있도록 만든 기계로, 오락이나 게임을 파는 셈이지요.

물리와 화학

과학 3-1 4. 날씨와 우리 생활 5-2 3. 물체의 속력

비 올 때 뛰어가면 비를 **적게** 맞을까?

비 오는 날 뛰는 것과 걷는 것 중 어느 쪽이 비를 적게 맞을까요? 이 문제는 간단한 것 같지만 수학적으로 계산하려면 아주 복잡해진답니다. 비가 내리는 양, 빗방울의 크기, 빗방울이 떨어지는 속도, 걷는 것과 뛰는 것의 속도의 차이, 그리고 뛰는 사람의 몸의 각도 등을 모두 계산해야 알 수 있어요.

복잡한 계산 결과, 똑같은 거리를 갈 때에는 뛰어가는 것이 비를 적게 맞았어요. 뛰어가면 비를 맞는 시간이 그만큼 줄어들기 때문에 빨리 뛰면 뛸수록 비를 적게 맞는 것이지요.

하지만 같은 시간 동안 맞는 비의 양은 뛰어가는 쪽이 더 많아요. 걸어갈 때에는 위에서 떨어지는 비를 맞기 때문에 머리나 어깨 정도의 좁은 면적에 비를 맞지만 뛰어갈 때에는 몸의 각도가 비스듬하기 때문에 가슴이나 배까지 비를 맞아요. 그래서 같은 시간 동안에는 뛰는 것이 더 많은 비를 맞아요.

과학 4-1 1. 무게 재기

달걀 위에 사람이 올라설 수 있을까?

어떤 물체가 다른 물체를 누르거나 미는 힘을 압력이라고 해요. 그런데 압력은 물체가 닿는 면적에 따라 달라진답니다. 닿는 면적이 좁으면 압력은 높아지고, 닿는 면적이 넓으면 압력은 낮아져요.

닿는 면적이 좁으면 누르는 힘이 좁은 면적에 집중되어 압력이 커져요. 반대로 닿는 면적이 넓으면 누르는 힘이 넓게 흩어지기 때문에 압력이 줄어들어요.

닿는 면적에 따라 압력이 달라지는 원리를 이용하면 달걀 위에 사람이 설 수도 있어요. 달걀 9개를 가로 세로 3개씩 놓고 그 위에 올라서면 달걀이 깨지지만 나무판을 놓고 올라가면 달걀이 깨지지 않아요. 나무판이 누르는 힘이 9개의 달걀에 고루 분산되기 때문이지요.

이와 같은 방법으로 풍선 위로 자동차를 지나가게 할 수도 있어요. 여러 개의 풍선을 놓고 그 위에 나무판을 얹으면 무거운 자동차가 지나가도 풍선은 터지지 않는답니다.

달걀 맞아?

물리와 화학

과학 5-1 2. 전기 회로 6-1 1. 빛 6-2 3. 에너지와 도구

전구는 어떻게 빛을 낼까?

전구로 불을 밝힌 것은 약 100여 년밖에 되지 않아요. 하지만 전기로 불을 밝히려 했던 노력은 오래전부터 있었답니다.

전기는 이미 2,600여 년 전에 그리스의 탈레스에 의해서 발견되었고, 1500년대 말부터 본격적인 연구가 시작되었어요. 많은 학자들은 전기의 성질을 밝혀냈고, 전류를 일으키는 전지를 만들게 되었지요.

1802년 영국의 데이비드가 전지에서 뽑아낸 선에 목탄 조각을 붙이면 푸른색의 빛이 난다는 것을 밝혀냈어요. 데이비드는 목탄에 유리관을 씌운 전등을 개발해 파리의 콩코르드 광장을 밝혔어요. 이것이 최초의 전등이었어요.

한 쪽에서는 전기가 들어오고 다른 쪽으로는 흘러 나가요.

그 후로 많은 과학자들은 유리관에 탄소로 된 얇은 판이나 백금을 이용해서 전구를 만들었어요. 하지만 열 때문에 백금이나 탄소판이 금방 타 버렸어요. 이런 문제를 해결한 사람이 바로 에디슨이었어요.

에디슨은 오랫동안 열에 견딜 수 있는 필라멘트를 만들었어요. 뿐만 아니라 발전기를 설치해 각 가정에서 전구를 사용할 수 있게

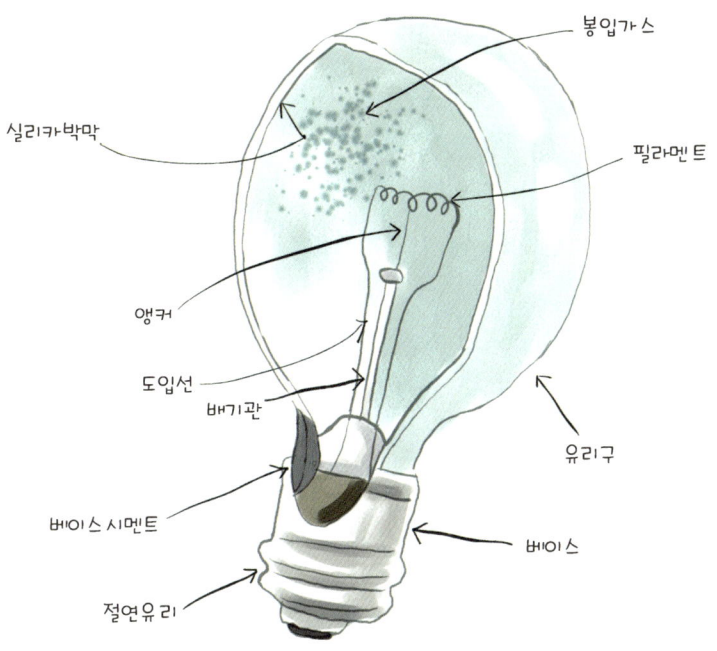

했어요. 그래서 에디슨은 전구의 발명가로 알려졌답니다.

지금의 전구는 아르곤과 질소의 혼합 가스가 들어 있고, 코일 모양으로 감긴 필라멘트가 있어요. 놀라운 사실은 전구 안의 온도가 2,000도가 넘는다는 것이에요.

전기가 흐르면 전구 안의 필라멘트는 뜨거워져요. 뜨거워진 필라멘트는 빨갛게 달구어진답니다. 이렇게 달구어진 필라멘트의 빛이 바로 전구의 빛이에요.

과학 6-2 3. 에너지와 도구

잠수함은 어떻게 물속에서 움직일까?

　잠수함은 보통 배와 달리 물속에서 움직일 수 있도록 만든 것이에요. 잠수함이 물속으로 들어갈 수도 있고, 물 위로 올라올 수도 있는 이유는 무게를 조절할 수 있기 때문이에요.

　잠수함에는 바닷물을 넣고 뺄 수 있는 장치가 있어요. 초기 잠수함에는 물을 끌어들이는 탱크에 있는 가죽 칸막이를 움직여 물이 들어올 수 있게 만들었어요.

　물이 들어오면 잠수함은 무거워져 밑으로 가라앉아요. 그리고 물 위로 올라올 때에는 가죽 칸막이를 밀어내 바닷물이 빠지도록 했어요. 그러면 잠수함은 가벼워져 물 위로 올라왔어요.

　현대의 잠수함은 주로 부력 탱크를 이용하고 있어요. 부력 탱크는 공기를 넣고 뺄 수 있는 밸브와 바닷물이 들어오고 빠질 수 있는 구멍으로 되어 있어요. 그래서 부력 탱크의 밸브를 열어 공기를 빼면 바닷물이 들어와 밑으로 가라앉아요.

　그리고 부력 탱크에 공기를 채워 넣으면 바닷물이 빠져나가 가벼워지는 것이지요. 이런 원리로 잠수함은 물속으로 잠수를 하거나 물 밖으로 떠오를 수 있답니다.

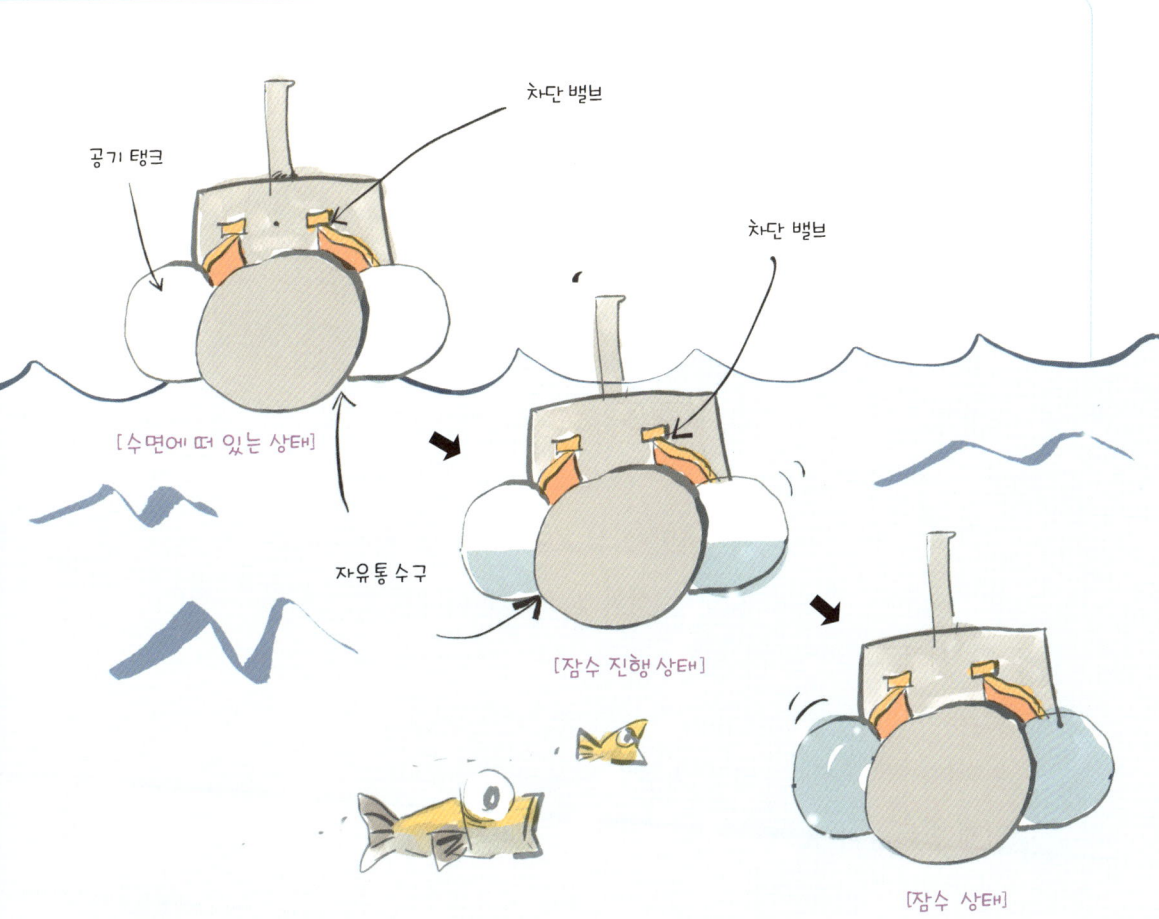

최초의 잠수함

잠수함의 역사는 우리가 생각하는 것보다 오래 되었어요. 최초의 잠수함은 1620년 네덜란드 C. 드레벨에 의해 발명되었어요. 나무로 된 배에 가죽을 씌워 만든 잠수함은 템스강에서 약 3미터까지 잠수를 했어요.

잠수함이 처음으로 전투에 사용된 것은 1776년이었어요. 미국 독립 전쟁 당시에 '터틀'이라는 잠수함이 영국의 군함을 공격했어요.

물리와 화학

과학 6-2 3. 에너지와 도구

비행기는 어떻게 하늘을 날 수 있을까?

수백 톤이 넘는 커다란 비행기는 수백 명의 사람을 태우고도 하늘을 자유롭게 날 수 있어요. 이렇듯 무거운 비행기가 하늘을 나는 것을 보면 신기할 따름이지요.

그런데 엄청나게 많은 사람을 싣고도 비행기가 하늘을 날 수 있는 이유는 뭘까요? 그것은 바로 날개와 엔진 때문이에요.

비행기의 날개를 자세히 살펴본 적이 있나요? 비행기 날개의 위쪽은 둥그스름하게 솟아 있고 아래쪽은 평평한 모양을 하고 있어요. 이와 같은 비행기의 날개 모양은 비행기가 움직이는 동안 공기의 흐름이 달라지게 만든답니다.

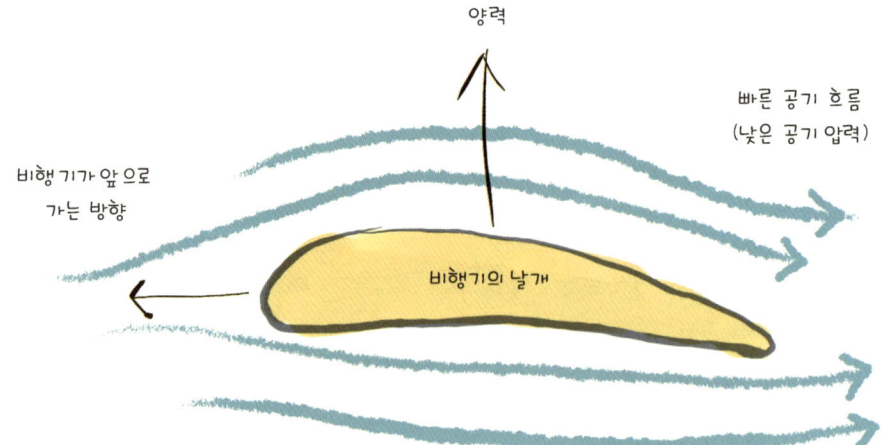

　날개 위쪽의 둥그스름한 부분에 부딪힌 공기의 흐름은 무척 빨라요. 그러나 날개 아래쪽의 평평한 부분에 부딪힌 공기는 위쪽보다 흐름이 훨씬 느려요.

　이렇게 되면 위에는 공기가 빨리 지나가 없어지기 때문에 아래쪽 공기들이 위로 올라가요. 그래서 아래에 있는 공기들이 비행기를 들어올리게 되는 것이지요. 이런 원리로 비행기는 하늘로 떠오를 수 있어요.

　엔진은 비행기가 하늘을 날아오르는 데 필요한 힘과 빠른 속도를 내게 하는 역할을 해요. 비행기의 속도가 빨라야만 공기의 흐름을 만들어 비행기를 들어올릴 수 있거든요.

최초의 비행은 언제?

새처럼 하늘을 나는 것은 사람들의 오랜 꿈이었어요. 사람들의 꿈은 마침내 비행기를 만들어냈어요. 1903년 12월 17일 라이트 형제는 비행기를 타고 12초 동안 36미터를 나는 데 성공했어요. 겨우 12초였지만, 이것은 세계 최초로 성공한 비행이었어요.

물리와 화학

과학 5-2 3. 물체의 속력 6-2 3. 에너지와 도구

타임머신을 만들 수 있을까?

만화나 영화를 보면 종종 타임머신이 나와요. 영화에서처럼 타임머신을 타고 과거나 미래로 마음대로 여행을 할 수 있다면 정말 신 날 거예요.

이론상으로는 타임머신의 시간 여행이 가능하답니다. 빛보다 빠른 속도로 날 수 있는 우주선만 있다면 얼마든지 가능하지요.

시간은 언제나 똑같이 흐르는 것이 아니에요. 속도가 빨라질수록 시간은 느리게 흐른다고 해요. 실제로 엄청나게 빠르게 움직이는 우주선 안의 시계는 지구에 있는 시계보다 몇 초 느리다는 것이 밝혀졌어요. 만약 더 빠른 우주선에 타고 있다면 시간은 더 느리게 흐를 거예요.

그리고 속도가 무한히 빨라져 빛의 속도에 가까워지면 시간은 엄청나게 늦게 흐른답니다.

빛의 속도로 날아가는 우주선 안의 시간은 느리게 흐르기 때문에 우주선 안에서 하루를 보내는 동안 지구에서는 100년 정도 흘렀을 수도 있다는 것이지요. 그래서 우주 여행을 하고 돌아오면 몇백 년 후의 지구의 모습을 볼 수 있어요.

하지만 이것은 이론일 뿐 실제로 타임머신을 만들 수는 없어요. 그 이유는 빛의 속도로 날 수 있는 우주선을 만들 수 없기 때문이에요.

과학 기술이 지금보다 훨씬 발전해도 빛보다 빠른 속도로 날

수 있는 우주선을 만들 수 없어요. 그 이유는 속도가 빨라질수록 물체의 질량(무게)은 무거워지고, 무거워진 만큼 많은 에너지가 있어야 날 수 있기 때문이에요. 즉, 빛의 속도로 날려면 우주선의 질량이 무한대로 무거워져야 하므로 에너지도 무한대로 필요하게 되지요.

하지만 어떤 물질도 무한대의 에너지를 낼 수는 없어요.

그래서 빛의 속도로 날아야 하는 타임머신을 만드는 건 불가능하답니다.

수학 2-1 5. 길이 재기 2-2 3. 길이 재기

길이의 단위는 어떻게 생긴 걸까?

길이를 나타내는 단위는 여러 가지가 있어요. 인치, 야드, 마일 등은 영국이나 미국에서 많이 사용해요. 치, 자, 리 등은 우리나라에서 예전부터 쓰던 길이 단위예요.

하지만 지금 세계적으로 가장 많이 쓰이는 길이를 나타내는 단위는 ㎝, m, km 등이에요. 이러한 단위를 사용하는 것을 미터법이라고 해요. 부피를 나타내는 ㎤, ㎥ 등과 무게를 나타내는 mg, g, kg 등도 모두 미터법에 포함되어 있어요.

남극과 북극을 잇는 길이의 4,000만 분의 1=1m
1m의 100분의 1=1cm
1m의 1,000배=1km

남극에서

전 세계적으로 가장 많이 사용되는 미터법은 1790년대 말 프랑스에서 만들어졌어요. 도량형이 정확하지 않아 세금을 내거나 물건을 사고팔 때 불편이 많았던 프랑스는 통일된 도량형이 필요했어요.

1791년부터 프랑스의 학자들이 모여서 회의를 한 결과 남극과 북극을 잇는 지구 둘레 길이의 4,000만 분의 1을 기본 단위로 삼기로 했어요. 그 후, 7년 간의 노력 끝에 남극과 북극을 잇는 길이를 측정하고, 이 길이의 4,000만 분의 1을 1m라고 정했어요. 그리고 1m의 100분의 1을 1cm, 1m의 1,000배를 1km로 정했어요.

길이의 단위가 만들어지자 부피와 무게의 단위도 만들어졌어요. 각 모서리의 길이가 10cm인 정육면체에 담긴 4℃ 물의 무게를 1kg이라고 정했어요. 그리고 그때의 부피인 1,000cm³를 1리터라고 정했어요.

1790년대에 측정한 지구 둘레의 길이가 정확할까?

남극과 북극을 잇는 지구 둘레를 정확하게 재면 4,000만m보다 3,400m 가량 긴 것으로 밝혀졌어요. 따라서 1m의 길이는 실제 지구 둘레의 4,000만 분의 1보다 약간 짧은 것이지요. 당시 프랑스 학자들은 지구 둘레는 변하지 않을 것이라고 생각해서 미터법의 기준으로 삼았어요. 하지만 지구 둘레의 길이는 조금씩 변하고 있답니다.

물리와 화학

과학 3-1 2. 자석의 성질 5-1 1. 지구와 달 6-1 5. 자기장

나침반 바늘은 왜 북쪽을 가리킬까?

나침반은 방위를 알 수 있도록 만든 기구예요. 나침반의 붉은색 바늘은 언제나 북쪽을 가리키지요. 그래서 나침반을 보면 나머지 세 방향인 동쪽, 서쪽, 남쪽이 어디인지 알 수 있어요.

그런데 나침반 바늘은 왜 항상 북쪽을 가리킬까요? 그 이유는 나침반의 바늘과 지구가 자석의 성질을 가지고 있기 때문이에요.

N극은 S극을 찾아가지요.

160

자석의 양 끝은 자석의 힘이 가장 강한 곳이에요. 자석의 양쪽 끝에는 서로 다른 성질을 가진 N극과 S극이 있어요. 자석은 서로 다른 극은 끌어당기고 같은 극끼리는 밀어내는 성질이 있어요.

나침반의 바늘은 자석으로 되어 있어요. 나침반의 바늘을 자세히 보면 북쪽을 가리키는 붉은색에 N이라고 쓰여 있어요. 이것은 자석의 N극을 가리키는 말이에요.

지구도 N극과 S극을 가진 커다란 자석이라고 할 수 있어요. 지구가 자석이라는 말이 이상할지 모르지만 사실이에요. 북극은 자석의 S극의 성질을 가지고 있고, 남극은 N극의 성질을 가지고 있어요.

그래서 나침반의 N극은 지구 자석의 S극인 북극 쪽으로 끌리는 것이에요. 이와 같은 원리로 나침반의 붉은색 바늘은 항상 북쪽을 가리키는 것이랍니다.

나침반의 바늘이 가리키는 곳이 정확히 북쪽일까?

나침반의 바늘이 가리키는 방향이 정확히 북쪽은 아니에요. 그 이유는 지구가 똑바로 서 있는 것이 아니라 기울어져 있기 때문이지요. 기울어진 지구 때문에 북극은 정 북쪽에 있지 않고 살짝 옆으로 비켜 있어요. 그래서 나침반의 바늘도 정 북쪽에서 옆으로 살짝 비켜 있는 북극을 가리키고 있답니다.

물리와 화학

과학 5-1 4. 작은 생물의 세계 수학 5-1 8. 여러 가지 단위

1mm보다 작은 단위는 뭘까?

21세기에 가장 중요한 기술 중 하나로 꼽히는 것이 바로 '나노 기술'이에요. 나노 기술은 약 10억 분의 1미터 정도로 아주 작은 기계를 만드는 기술이에요.

나노 기술은 의학과 생명 공학 분야에서 매우 중요해요. 나노 기술로 만들어진 로봇은 우리 몸속 구석구석을 돌아다니며 암과 같은 병을 치료할 수 있어요.

그런데 나노 기술의 '나노'라는 말의 뜻은 무엇일까요?

나노는 나노미터(㎚)에서 나온 말이에요. 나노미터는 길이를 나타내는 단위로 1나노미터는 10억 분의 1미터예요. 그러니까 1미터를 10억 개로 쪼갠 길이인 것이지요.

보통 우리가 길이를 나타낼 때 많이 쓰는 단위에는 밀리미터(㎜), 센티미터(㎝), 미터(m), 킬로미터(㎞) 등이 있어요. 하지만 미터법에서 길이를 나타내는 단위는 이것들 말고도 많이 있어요.

마이크로미터(㎛)라는 말을 많이 들었을 거예요. 아주 작은 것을 이야기할 때 흔히 쓰이는 마이크로미터는 1,000분의 1미터를 나타내는 단위예요.

나노미터보다 작은 단위로는 1조 분의 1미터를 나타내는 피코미터(pm), 1,000조 분의 1미터를 나타내는 펨토미터(fm)가 있어요.

그럼 아주 긴 길이를 나타내는 단위에는 어떤 것이 있을까요?

1킬로미터의 1,000배를 1메가미터(Mm)라고 하고, 1메가미터의 1,000배를 1기가미터(Gm)라고 해요. 그리고 1기가미터의 1,000배를 1테라미터(Tm), 1테라미터의 1,000배를 1페타미터(Pm), 그리고 1페타미터의 1,000배를 1엑싸미터(Em)라고 부른답니다.

물리와 화학

과학 3-2 3. 혼합물의 분리 5-2 2. 용해와 용액

바닷물만 계속 마시면 어떻게 될까?

바다에 표류하는 사람이 바닷물만 계속 마시다가는 갈증으로 죽을 수도 있어요. 온통 물밖에 없는 바다에서 갈증으로 죽는다는 것이 이상하게 들릴지 모르지만 사실이에요.

그 이유는 바닷물에 들어 있는 소금기 때문이에요. 소금은 우리가 살아가는 데 있어서 꼭 필요한 것이에요. 소금을 먹지 않으면 우리는 죽고 말아요. 하지만 너무 많은 소금기가 몸에 있어도 안 돼요.

바닷물

아~ 목 말라.

바닷물 마시면 안 되는데……

우리 몸은 항상 일정한 소금기를 유지해요. 너무 많은 소금기가 몸에 들어오면 오줌으로 소금기를 내보내요.

그런데 오줌으로 내보낼 수 있는 소금기는 전체 오줌의 2% 정도밖에 되지 않아요. 이에 반해 바닷물에 들어 있는 소금기는 3%가 넘어요. 목이 말라 바닷물을 마시면 바닷물 안에 들어 있는 소금기도 같이 몸 안으로 들어와요. 우리 몸에서는 이 소금기를 내보내기 위해서 오줌을 누게 되겠지요.

하지만 오줌을 통해서 바닷물에 들어 있는 소금기를 다 내보낼 수는 없어요. 예를 들어 바닷물 1리터를 마셨을 때에는 1리터의 오줌을 누어도 1% 정도의 소금기가 몸에 남아 있어요. 0.5리터의 오줌을 더 누어야만 모든 소금기를 내보낼 수 있어요. 오줌은 몸에 있던 물이 빠져나오는 것이에요. 그래서 더 큰 갈증을 느끼게 되는 것이지요.

결국 바닷물에 들어 있던 소금기를 모두 내보내기 위해서는 마신 바닷물보다 우리 몸에서 빠져나가는 물의 양이 많아지게 되지요. 몸 안에 있던 물이 빠져나가는 만큼 몸에서는 갈증을 느끼고, 다시 바닷물을 마시면 더 많은 물이 빠져나가는 것이지요.

그래서 계속 바닷물을 마시다가는 몸 안의 물이 줄어들어 죽게 되는 것이지요. 실제로 바다에 표류하는 사람들의 대부분이 몸에 물이 부족해서 죽는답니다.

과학 6-2 3. 에너지와 도구

지레를 이용하면 왜 힘이 덜 들까?

무거운 물건을 들거나 움직일 때, 긴 막대기나 널빤지를 이용하는 것을 볼 수 있어요. 이것은 '지레의 원리'를 이용한 것이랍니다. 지레를 이용하면 적은 힘으로도 무거운 물체를 움직일 수 있어요.

지레는 그냥 긴 막대기를 쓰는 것이 아니에요. 지레에는 반드시 '받침점'이 있어요. 긴 막대기로 물건을 움직일 때 막대기와 물건 사이에

돌 같은 받침대를 놓아요. 이 받침대를 놓는 곳이 바로 받침점이에요.

받침점은 지레에서 아주 중요한 역할을 한답니다. 받침점이 어디에 있느냐에 따라서 필요한 힘의 양이 달라진답니다.

지레를 이용한다고 해서 무조건 힘이 적게 드는 것은 아니에요. 움직이려는 물건과 누르는 곳 한가운데에 받침점이 있으면 물건을 그냥 움직일 때와 똑같은 힘이 들어요. 받침점이 누르는 곳에 가까울수록 지레를 사용하지 않는 것보다 많은 힘이 들어요.

하지만 받침점이 움직이려는 물건과 가까이 있으면 있을수록 힘은 적게 들어요. 이것이 바로 지레의 원리이지요.

만약 움직이려는 물건과 받침점과의 거리가 받침점과 누르는 곳의 거리보다 3배만큼 가깝다면 1/3만큼의 힘만으로도 물건을 움직일 수 있어요. 100킬로그램을 움직일 수 있는 힘으로 300킬로그램을 움직일 수 있지요.

과학 3-1 2. 자석의 성질 5-1 2. 전기 회로 6-1 5. 자기장

자석으로 전기를 만들 수 있을까?

16세기 말 영국의 길버트가 마찰 전기를 연구하면서부터 전기에 대해 본격적인 연구가 시작되었어요. 이탈리아의 볼타는 전지를 개발했고, 네덜란드의 외르스테드는 철사에 전기를 흐르게 하면 철사가 자석의 성질을 갖는다는 사실을 알아냈어요.

그 후, 영국의 페러데이는 외르스테드의 실험과는 반대의 실험을 시작했어요. 그건 자석을 이용해서 전기를 만드는 것이었어요. 오랜 실험 끝에 전선 코일 속에 자석을 넣었다 뺐다 하면 전기가 생긴다는 것을 확인했어요. 이것이 바로 발전기였어요.

오늘날의 발전기 원리도 페러데이의 발전기와 똑같아요. 자석 주변에 코일과 같은 도체를 빠르게 회전시켜 전기를 얻는 것이지요.

수력 발전소, 화력 발전소, 원자력 발전소 등 모든 발전소는 자석의 힘으로 전기를 얻는답니다. 물의 힘이나 석유를 태워 나오는 열, 혹은 원자력을 이용해서 자석이 들어 있는 발전기를 돌리는 것이에요.

과학 4-1 1. 무게 재기

질량과 무게는 어떻게 다를까?

질량과 무게는 같은 것으로 생각하기 쉽지만 엄연히 다른 것이에요. 질량은 물체를 이루고 있는 물질의 양을 나타내요. 이에 반해 무게는 물체에 작용하는 중력을 말해요. 그러니까 무게는 중력이 물체를 끌어당기는 힘의 세기인 것이지요.

무게는 질량과 관계가 있어요. 질량이 큰 물체일수록 물체에 작용하는 중력이 커져요. 즉 물체의 질량이 크면 클수록 무게는 무거워지는 것이지요.

지구에서는 질량과 무게가 같아요. 지구에서 질량이 1킬로그램인 물체는 무게도 1킬로그램이에요.

하지만 무게는 항상 일정한 것이 아니라 위치에 따라서 변해요. 사람이 달에 가면 질량은 변하지 않지만 무게는 변한납니다. 몸무게가 60킬로그램인 사람이 달에 가면 10킬로그램밖에 되지 않아요. 달의 중력은 지구의 1/6밖에 되지 않기 때문이지요.

무게는 위치에 따라 달라요.

169

과학 5-1 2. 전기회로

사람이 감전되면 어떻게 될까?

만화 영화에서 감전이 되면 머리가 쭈뼛 서고 몸의 뼈들이 보이는 우스꽝스러운 모습으로 나와요. 만화 영화에서는 우습게 그렸지만 전기는 사실 무서운 것이에요. 감전된 사람은 죽을 수도 있어요.

감전되면 죽는 이유는 크게 두 가지예요.

우선 신경이 마비되어 심장이나 폐 같은 기관들이 움직이지 않기 때문이에요. 우리 몸속에서 일어나는 다양한 운동이나 대사 등은 약한 전기 신호에 의해서 움직이고 있어요. 그런데 강한 전기가 몸으로 들어오면 몸속의 모든 기관들이 제 역할을 하지 못해요.

손으로 전선을 만져 감전이 되면 빨리 손을 떼야 하지만 막상 감전되면 손을 떼지 못한다는 말을 들었을 거예요. 그건 우리 뇌에서 빨리 손을 떼라고 명령을 내리는 전기 신호보다 훨씬 강한 전기가 몸 안으로 들어오기 때문이에요.

이것은 큰 소리가 나는 곳에서 작은 소리를 들을 수 없는 것과 마찬가지예요. 이처럼 강한 전류는 몸의 기관들을 마비시켜요. 심장과 폐가 제대로 뛰지 않아 죽을 수도 있고, 전기에 의해 뇌도 손상이 되지요.

또 다른 이유는 감전되었을 때 발생하는 열에 의해 몸 안이 타기 때문이에요. 강한 전류는 사람의 몸을 타고 흐르면서 몸 안의 세포들을 터뜨리고 태워 버려요.

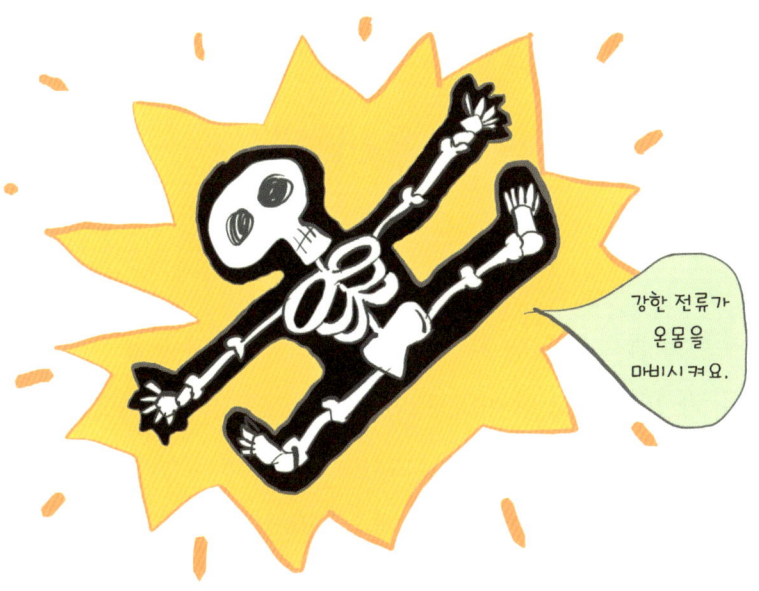

강한 전류가 온몸을 마비시켜요.

　감전 사고가 일어나면 가장 먼저 전기를 끈 다음 감전된 사람을 전기에서 떼어 내야 해요. 이때 주의할 것은 구하는 사람은 전기가 통하지 않는 고무나 가죽 장갑, 신발을 신어야 해요. 또한 바닥에도 담요 등을 깔아 바닥에 전기가 통하지 않게 해야 해요. 그렇지 않으면 구하는 사람도 감전될 수 있어요.

전선에 앉아 있는 새는 왜 감전되지 않을까?

새의 몸에도 사람처럼 전기가 통해요. 하지만 새들은 어떻게 전깃줄에 앉아 있는 걸까요? 새가 전깃줄 위에 앉아 있어도 감전되지 않는 이유는 전선 한 가닥에 앉아 있기 때문이에요. 만약 새가 전선 두 가닥에 한 발씩 올려놓거나 전선 말고 다른 곳에 몸이 닿으면 새도 감전되어 죽고 말 거예요.

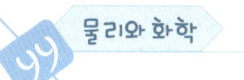

과학 3-2 1. 액체와 기체의 부피 4-1 4. 모습을 바꾸는 물

물이 얼면 왜 **부피**가 늘어날까?

 대부분의 물질은 얼면 부피가 줄어들어요. 하지만 물은 얼면 오히려 부피가 약 10% 정도 늘어나요. 그러니까 100밀리리터의 물을 얼리면 약 110밀리리터 정도가 되지요.

 병에 물을 가득 담아서 냉장고에 얼리면 얼음이 병 밖으로 비어져 나올 거예요. 병 밖으로 비어져 나온 만큼 부피가 늘어난 거예요.

 만약 병 뚜껑을 막고 물을 얼리면 어떻게 될까요? 물이 밖으로 빠져 나오지 못해 병이 터져 버려요. 이런 이유로 추운 겨울날 수도관이 터지는 것이지요. 수도관은 물이 가득 차 있어 밖으로 빠져 나갈 곳이 없으니까요.

 물이 얼면서 생기는 힘은 생각보다 대단해요. 커다란 바위를 쪼갤 수도 있어요. 바위에 구멍을 뚫고 물을 채워 넣으면 물이 얼면서 바위가 갈라지게 된답니다.

 그렇다면 왜 물은 얼면 부피가 늘어날까요?

 물이 얼지 않았을 때에는 물 알갱이들이 자유롭게 움직여요. 그런데 물이 얼면 물 알갱이들은 서로 달라붙어 육각형을 이루게 된답니다. 얼음이 딱딱한 고체가 되는 것은 물 알갱이들이 서로서로 달라붙기 때문이지요.

 그런데 이때 물 알갱이들이 달라붙는 육각형 사이사이에는 빈틈이 생겨요. 이 빈틈이 생긴 만큼 물의 부피가 늘어나는 것이에요. 얼음이 물 위에 뜨는 것도 얼음에 빈틈이 생겨 물보다 가벼워지기 때문이에요.

이 물로 커다란 바위를 쪼갤 수 있어요.

물은 수소와 산소로 이루어져 있다

물은 생물이 살아가는 데 없어서는 안 될 중요한 것이에요. 그래서 옛날부터 철학자들과 과학자들은 물에 대한 관심이 아주 많았어요. 그리스의 철학자 탈레스는 세상 모든 만물은 물로 이루어져 있다고 주장했어요. 모든 만물을 쪼개고 쏘개면 결국 물이 된다는 말이지요. 물은 더 이상 쪼갤 수 없는 원소라고 생각했어요.

하지만 물은 더 이상 쪼갤 수 없는 원소가 아니라는 생각을 가진 과학자들이 생겨났어요. 물을 이루고 있는 성분을 밝힌 사람은 프리스틀리였어요. 그는 1771년에 물은 수소와 산소 알갱이로 이루어져 있다는 것을 증명했어요.

물리와 화학

슬기로운 생활 1-1 4. 건강하게 생활해요 과학 5-2 1. 우리 몸

청진기는 언제 어떻게 만들어졌을까?

의사들이 환자의 몸에서 나는 소리를 듣고 환자의 몸 상태를 진찰하는 청진은 오래전부터 있었어요. 약 2,500년 전에 그리스의 의학자 히포크라테스도 환자의 관찰을 중요하게 생각했어요. 그는 환자의 몸 상태를 눈으로 관찰하고, 귀로 소리를 듣기도 했어요.

하지만 귀로 들어서는 사람의 몸 안에서 어떤 일이 일어나는지 정확히 알 수 없었어요. 그래서 환자의 몸에서 나는 소리를 정확히 듣기 위해 만들어진 것이 바로 청진기예요.

청진기는 심장, 폐, 기관지, 장 등에서 나는 소리를 통해서 환자의 몸 상태를 어느 정도 진찰할 수 있어요. 그래서 청진기는 의사들이 병원에서 환자들을 진찰하는 데 꼭 필요한 기구예요.

청진기는 소리를 모아 주는 판과 고무로 된 관, 그리고 귀에 대는 부분으로 되어 있어요. 앞부분에 있는 판은 몸 안에서 나는 작은 소리를 더욱 크게 모아 주고, 고무관은 소리를 그대로 귀로 옮겨 주는 역할을 해요.

청진기는 소리를 모아서 들으면 더 잘 들리는 원리를 이용한 기구예요. 청진기를 통해 들으면 소리가 사방으로 퍼지지 않고 고무관을 통해서 전달되어요. 그렇기 때문에 그냥 귀로는 들을 수 없는 작은 소리까

지도 들을 수 있어요.

　청진기를 처음 만든 사람은 프랑스의 라에네크였어요. 라에네크는 산책을 하던 도중 아이들이 종이를 말아 서로의 귀에 대고 이야기를 하는 것을 보았어요. 그것을 본 라에네크는 '저런 식으로 심장의 소리도 들을 수 있지 않을까'라고 생각했어요.

　그러고는 곧바로 종이를 말아 파이프 모양으로 만들어 환자들의 가슴에 대어 보았어요. 라에네크의 생각대로 심장 소리는 훨씬 잘 들렸어요. 1819년, 라에네크는 이 원리를 이용해 소리를 정확히 들을 수 있는 기구를 만들었어요. 그것이 바로 청진기예요.

2012년 4월 25일 개정증보판 1쇄 발행
2013년 5월 15일 개정증보판 2쇄 발행

지 은 이 양대승
그 린 이 백명식
발 행 인 김경석
펴 낸 곳 아이앤북
편   집 우안숙 정애영
디 자 인 이세나 김희영
마 케 팅 정윤화 백동욱 이나현
주   소 서울시 성동구 용답동 233-5
연 락 처 (02)2248-1555 | FAX (02)2243-3433
등   록 제4-449호

ISBN 978-89-97430-05-5 74400

이 책에 실린 모든 내용, 디자인, 이미지, 편집 구성의 저작권은 아이앤북과 지은이에게 있습니다.
★ 이 책은 《신기하고 놀라운 교과서 100배 과학 상식》의 개정증보판입니다.

WWW.IANDBOOK.CO.KR

이 도서의 국립중앙도서관 출판시도서목록(CIP)은 e-CIP 홈페이지 (http://www.nl.go.kr/ecip)에서 이용하실 수 있습니다. (CIP 제어번호 : CIP2012002019)